Eloy Pérez Ladaga

¡A sus órdenes, mi Coronel!

La singular historia del Coronel Tom Parker
y Elvis Presley

Colección Rocksound

Primera edición Diciembre de 2024
© del texto: Eloy Pérez Ladaga
© del prólogo: Mario Cobo
© del epílogo: Agustí Burriel
© de la portada: El Ciento

66 RPM EDICIONS
C/ Joaquim Ruyra, 13, 4º –1ª esc. B
08025 Barcelona
66rpm@66–rpm.com
www.66–rpm.com

Diseño gráfico y maquetación: redoble.studio
Dirección colección: Alfred Crespo & Eduardo Izquierdo
Edición: Claudia Oller

Impresión: Prodigitalk
Impreso en España

Depósito Legal: B21638–2024
ISBN: 978–84–127613–4–4

A mis padres, por permitir que la música del diablo se colara en casa.

A los capitanes, aquí abajo y allá arriba.

Y como siempre a Celia, Claudia y Marc.
I Love You Because

ÍNDICE

PRÓLOGO

El Coronel Parker ha formado parte de mi vida desde que empecé a escuchar Rock'n'roll, ya que Elvis y él siempre fueron un binomio, y de eso ya hace bastantes años. De lo de ellos… y de lo mío. Una de las cosas que más me llamaban la atención, sin haber indagado mucho en la historia de los dos, es que aquel era un nombre que generaba rechazo entre todos los amantes de Elvis. Era el villano de la historia, el Joker de Batman, alguien que no querías tener cerca y que había destrozado la vida de nuestro héroe de Tupelo, pero, ¿hubiese sido Elvis tan grande sin su ayuda? Eso nunca lo sabremos porque es jugar a ser adivinos, cosa que nunca se me ha dado bien, pero lo que está claro es lo que pasó y en qué posición quedó Elvis dentro de la historia de la música moderna. Aunque estamos legitimados a pensar, y leyendo las páginas de este libro nos quedará aún más claro, que seguramente sin el Coronel Parker, Elvis no hubiese sido el mismo artista. Y al respecto puedo decir que he tenido la suerte en mi carrera de poder acompañar a unos cuantos músicos contemporáneos de Presley como Billy Lee Riley, Sonny Burgess, Glen Glenn o el mismísimo D.J. Fontana, el batería que le acompañó desde sus inicios un buen puñado de años, y la admiración de estos sobre la figura de Elvis era increíble. Siempre he pensado que, más allá de su indudable talento —de eso no puede haber duda—, todo lo que se construyó a su alrededor es lo que lo convirtió en una leyenda, incluso para los que lo habían conocido en persona.

Así, el papel del Coronel vuelve a ser fundamental en el juego ya que él era el que "vendía" a Elvis (interpreten esto como quieran). De no ser por sus ansias por generar dinero y si hubiera tenido una mayor apreciación por su música, no está tan claro que Elvis hubiese logrado mayor repercusión artísticamente hablando. Y es que no hay que obviar que el mito de Elvis, a partir de un determinado momento se concentra más en su persona, su atractivo, su leyenda o sus locuras, que en su música. Tengo muchos amigos a los que les encanta Elvis y coleccionan todos sus discos, pero la mayoría coincidimos en idolatrar sus primeros *singles* en Sun, las primeras grabaciones de RCA… También alguna de sus canciones en bandas sonoras, que como *single* pueden funcionar, y sus *hits* de "Elvis con traje blanco" como «Suspicious Minds» o «Burning Love». Pero esa gran colección de momentos musicales no podemos estar seguros de si hubiesen sobrevivido, o ni siquiera sucedido, sin toda la demás parafernalia.

Desde la distancia, aún y siendo parte de un colectivo mitómano y coleccionista, es difícil poder entender lo grande que fue Elvis en su país. Quizá, y ya me disculparán los más radicales, lo podríamos comparar a una Lola Flores en el nuestro. Un personaje que todo el mundo conoce, sin necesidad de que apenas haya escuchado su música, aunque con Elvis es difícil que pase. Os lo aseguro. Cuando el Coronel Parker comenzó toda la maquinaria de hacer dinero a base de clubs de fans, revistas y todo tipo de *merchandising* no solo estaba haciendo caja, y mucha, sino que estaba a la vez poniendo la cara de Elvis en tazas, lámparas, ropa, en cada pequeño pueblo de Estados Unidos, en casi cada casa donde hubiese adolescentes… Incluso consiguió que, si no te gustaba Elvis, lo odiases por todo lo que significaba, con lo cual seguía estando presente en sus vidas. Con eso lo convirtió en una de las figuras más conocidas de su tiempo incluso a nivel internacional. En cada pueblo había un imitador de Elvis y él fue la mecha que encendió la llama para que miles de adolescentes pudiesen ver que podían hacer esa música de negros que llevaba tiempo sonando en sus radios y que les hacía bailar a escondidas de sus padres. Algo que pasó desde que empezó a tocar *shows* con Scotty Moore y Bill Black conduciendo su coche allá donde les llamasen. Pero sería la televisión y la gran pantalla las que hicieron de él una estrella universal y eso, seguro, se lo debe a Tom Parker, el Coronel. Actualmente, en un montón de entrevistas con artistas que eran adolescentes en los años sesenta en los Estados Unidos citan la primera vez que The Beatles actuaron en *The Ed Sullivan Show*. Los de Liverpool solo habían replicado lo que ocho años antes, en septiembre de 1956, Elvis había hecho en el mismo programa llegando a más de sesenta millones de espectadores y revelando lo que se llevaba cocinando entre los jóvenes blancos desde hacía un par de años.

No soy yo el que va a defender al Coronel, pero tampoco nos vamos a rasgar las vestiduras por sus artimañas, ya que el mundo de la música siempre ha estado rodeado de personajes similares. Y en épocas donde la industria generaba muchísimo dinero, aún más. Tener un aliado a tu lado que se mueva por ese mundo con soltura y que deja que el artista se dedique a lo suyo es bastante importante y lo dice un fiel al "hazlo tú mismo", pero a la vez realista y ya con unos años de carrera a la espalda. Hoy en día, donde los músicos debemos, aparte de estudiar, preparar, componer y esas cosas que lleva la profesión, llevar redes sociales, hacer autopromoción, *management* y un largo etcétera, os aseguro que habría tortas como panes por tener un Coronel en nuestras vidas. Porque esto es un negocio, y un negocio de mierda, y cuando uno empieza a tocar un instrumento, escribir canciones o grabar lo hace por amor a la música, por la diversión, por ser alguien "guay". Para algunos la fama es un objetivo, pero en general la música es la razón. En mi caso no fue hasta que ya tenía la cabeza metida en el cubo de mierda cuando me di cuenta de que ¡era mierda! «Too Much Monkey Bussines» decía Chuck Berry cuando molaba, y tenía mucha razón.

Por eso me ha encantado este libro. Ameno, informativo y muy revelador, habla de alguien que sentó las bases de los Malcolm McLaren, Brian Epstein o Jon Landau de turno y, además, ayuda a entender mucho mejor esa carrera tan surrealista que tuvo Elvis. Así que os dejo que lo disfrutéis ¡TCB ante todo!

MARIO COBO
Almería, 27 de noviembre de 2024

Primera parte

CAPÍTULO 1

El paraíso era una carpa y la manzana, de caramelo

Para esta bonita historia que están ustedes a punto de leer, vamos a empezar situándonos geográficamente, si no les importa. Háganse con un mapa de Europa, en papel o pantalla, y céntrense en un sitio más o menos concreto al sur de los Países Bajos, a pocos kilómetros de la frontera con Bélgica: ahí se encuentra la ciudad de Breda. ¿Y qué tiene que ver eso con Elvis? preguntarán los fans más fuguillas. Paciencia, todo llegará. Ahora toca clase de Historia. Pero iremos rápido, no se inquieten.

A lo que íbamos. Breda es un enclave cuya relevancia a día de hoy, excepto para sus habitantes, por supuesto, es prácticamente inexistente. Pero no siempre fue así. Feudo de la Casa de Brabante desde el siglo XII, en 1404 pasó a manos de la Casa de Nassau. Hasta ahí todo más o menos tranquilo. Pero en 1568, al decantarse Guillermo de Orange por la rebelión, la ciudad fue ocupada por los españoles, iniciándose un toma y daca que duró casi un siglo. Así, a través de la Pacificación de Gante y el Edicto Perpetuo, las tropas españolas se retiraron y fue tomada por los rebeldes neerlandeses a finales de 1577. Volverían a conquistarla los españoles en 1581, en tiempos del reinado de Felipe II, para perderla de nuevo en 1590 frente a Mauricio de Orange. Y como no hay dos sin tres, en 1625 las fuerzas españolas al mando de Ambrosio Spínola consiguieron que capitulara una vez más. Sería esa ocasión —inciso para clase de Bellas Artes— la que Velázquez inmortalizaría en su celebérrimo cuadro de las lanzas. Pero *La rendición de Breda* del maestro sevillano no sería la definitiva, pues los holandeses la recuperaron primero por las armas, en 1637 y ya definitivamente, once años más tarde, a través de la Paz de Westfalia.

Todo este rollo de Bachillerato viene a cuento, pueden bajar esa ceja, para que Breda se ofrezca a sus ojos como un lugar en el que la pólvora y los mandobles han sido, durante siglos, parte intrínseca de sus festejos. Y, por ende, cuna de una muy respetada tradición militar. Una tradición militar que, ya entrado el siglo XIX, se mantuvo albergando el cuartel general del Real Ejército de las Indias Orientales Neerlandesas (KNIL en sus siglas originales), un cuerpo militar aparte del Real Ejército de los Países Bajos, formado expresamente para el servicio en las Indias Orientales Neerlandesas (por ahí abajo lo que hoy es Indonesia, más o menos).

Ahora sí sale Elvis ya ¿no? oigo decir. Falta un poco, tranquilos. Quien sale ahora a escena, que hay un hilo que seguir, es un joven llamado Adam van Kuijk. Nacido el 7 de mayo de 1866, el muchacho creció en el pueblo de Raamsdonksveer (pronúncienlo como les dé la gana, a saber), hasta que en 1887 se unió al ejército como soldado raso en el 3.º Regimiento de Artillería de Campaña y destinado al cuartel Seelig de, lo adivinaron, Breda. No obstante, el contrato de Adam no era de por vida, sino tan solo de doce añitos de nada, que pasan en un suspiro y más en la siempre alegre y bulliciosa vida castrense. Sea como sea, en aquellos tiempos las unidades de artillería todavía se desplazaban en carruajes tirados por tracción animal; por caballos, concretamente. Y Adam descubrió un talento y una conexión naturales con esa que llaman la más bella conquista del hombre. Una relación humano–equino que perduraría en el tiempo cuando, tras licenciarse en 1899, se estableció en Breda y empezó a trabajar como mozo de cuadra para Van Gend & Loos, una empresa de manipulación de paquetes y mercancías, y a vivir en una casa propiedad de la misma.

Fuera porque venía así de serie, o porque su estancia en el ejército lo moldeó a tal efecto, el carácter de Adam a esas alturas ya era el de un hombre rígido e inflexible, con el concepto de disciplina colocado en lo más alto de su escala de valores. Ello no le impidió, mientras todavía estaba de servicio, cortejar a Maria Elisabeth Ponsie, una mujer diez años más joven que él. La menor de ocho hermanos, Maria también era de Raamsdonksveer; pero ahí —y en su compartido catolicismo— terminan las afinidades entre ambos. Los Ponsie eran vendedores ambulantes que viajaban por el intrincado sistema de ríos y canales de Holanda, vendiendo e intercambiando artículos para el hogar desde su barcaza, aparte de regentar un pequeño bazar en Raamsdonksveer en el que vendían todo tipo de artículos de menaje y cachivaches diversos, tanto nuevos como usados. Con lo cual no hay que ser ningún lince para entender que entre la adusta personalidad de Adam y el modo de vida de esos hippies decimonónicos que le cayeron como familia política, mediaba un abismo. En cualquier caso, desde que el mundo es mundo la principal tarea de una joven pareja no es tanto caerle bien a los suegros sino fornicar como si no hubiera un mañana. Y con tanto ahínco retozaron y sin —por supuesto— métodos anticonceptivos que valgan, justo cuando el calendario iba a entrar en un nuevo siglo, Maria quedó embarazada. Pero como en el ambiente católico de principios del siglo XX, no estaba especialmente bien visto que una mujer soltera anduviera por ahí con un bombo, la feliz pareja contrajo nupcias en mayo, poco antes de que el vestido de boda le apretara demasiado de la cintura.

Una vez formalizado el asunto y con el primer vástago en casa, ahí sí se pusieron en serio manos a la obra: entre marzo de 1902 y septiembre de 1907, al hogar de los van Kuijk llegarían cinco retoños más. Por desgracia, dos de ellos se apuntaron precozmente a esa tradición milenaria conocida como mortalidad infantil, por entonces todavía muy en boga. Y aunque cuatro de seis no estaba nada mal, Adam y Maria no las tenían todas de cara a su nuevo embarazo. Por suerte, ese séptimo hijo, al que llamarían Andreas Cornelis, (parte por el padre de Adam, que así se llamaba, y parte en honor a un amigo suyo llamado Cornelis Roovers) salió fuerte como un roble. Y un rato mimado por sus tres hermanas mayores, siendo el primer niño varón sobreviviente en nueve años, también. El chaval (chivatazo: el prota de nuestra historia), al que la familia pronto apodó Dries, mostró desde muy temprana edad un apego singular a la familia de su madre, en especial al abuelo Ponsie. Este, cada vez que el pequeño Dries iba a visitarle, no perdía ocasión de contarle mil y una anécdotas sobre la vida nómada, la magia de las ferias y mercados, el trapicheo y los trucos del oficio de vendedor. Unas historias que calarían en el cerebro y ánimo del pequeño de un modo muy profundo. De hecho, la personalidad del joven Dries vendría marcada tanto por ese puesto de "muñeco" otorgado por sus hermanas mayores como por los relatos y consejos del abuelo materno. Una mezcla de sobreprotección y ansia de aventura que, como polos contrapuestos, llevaban al crío a soñar despierto con una vida nómada y trepidante.

Cuando cumplió los siete años, aparte de las visitas al abuelo, la principal afición de Dries era explorar los callejones de Breda con su mejor amigo, Cees Frijters, y su compañero de escuela Karel Freijssen, mientras esperaban el gran acontecimiento anual, aquello por lo que valía la pena levantarse el resto del año: la Kermis. También conocida como La Gran Feria, llegaba a Breda el tercer domingo de octubre y se instalaba en el Grote Markt, al tiempo que sus carpas y toldos se extendían por todo el barrio. Y a la sombra de las mismas, la católica y adusta población de Breda se sacudía el peso del pecado original que cargaba a diario y se dedicaba, durante una semana, al asueto y el bebercio mientras disfrutaba de las docenas de juegos y atracciones de la feria. Y si tal hacían los adultos, los niños no perdían comba. Dries se paseaba por entre aquellos puestos con los ojos como platos, dejándose sorprender y disfrutando de un mundo que, condensado para la ocasión, se parecía sospechosamente a todo aquello que le contaba su abuelo. Con un desparpajo innato, no tardó en aprender a sacar cuatro florines dedicándose al trueque y haciendo recados. Si había algo parecido al paraíso, debía ser aquello.

Pero esa faceta de recadero, conforme la Kermis volvía anualmente a Breda, pronto quedaría aparcada en favor de un puesto de ayudante. Eventual, por el momento, pero ayudante. Daba igual lo que le echaran, desde reparar un carromato hasta alimentar y cuidar de los animales. Puestos de una cierta responsabilidad hasta llegar a uno de los más cotizados: el de pregonero. Con un sombrero de paja y un bastón en la mano, animaba a la gente a que entrara en la tienda a sus espaldas, donde una vieja gitana les iba a decir la buenaventura. Eso, con nueve años. Unos cuantos más tarde, sería él mismo quien leería el futuro a cuanto pazguato se pusiera a tiro. Cualquiera que haya llegado leyendo hasta aquí, lo cual se agradece, una cosa ya debe haber adivinado: que, por medio de esos periodos inmerso en el mundo circense, el joven Dries van Kuijk empezaba a tomar conciencia de su verdadera vocación. Llegaría un día, todavía lejano, en que los trucos de promoción, la capacidad para atraer público y aflojarle la cartera a base de bien, la filosofía del feriante, en fin, se convertirían en la base de todo. Los cimientos sobre los que alzar una carrera hacia la fortuna junto a un chaval del sur de Memphis, en Tennessee. Al otro lado del océano, en otro mundo. Casi otro planeta. ¿Ven? Ya ha salido Elvis, ni que sea de soslayo.

Por todo ello, tampoco es de extrañar que en el colegio las cosas no le fueran demasiado bien; si por algo destacaba en las aulas no era tanto por su capacidad de estudio y su respeto a los profesores, como por una tendencia natural a la payasada y el escaqueo. El resultado no tardó en llegar: en quinto, a la calle. De nada sirvió que, en cuanto tuvo edad, su padre tratara de enrolarlo en el ejército primero, y enchufarlo en la empresa para que lo ayudara en la mensajería, después. A Dries le gustaban muchas cosas, pero recibir órdenes no era una de ellas. Ese talante díscolo lo llevó a conocer muy íntimamente el bastón que su padre reservaba para medirle las costillas cada vez que se le ponía farruco. Vendrían entonces unos tiempos en los que sí trató de ayudar al viejo, aquejado éste —aparte de su diabetes— de diversos y cada vez más serios achaques. Pero ni en la empresa de mensajería ni en otros empleos menores encontraría el joven Dries una mínima estabilidad, no digamos ya una vocación. Con el veneno del feriante circulando por sus venas ya de manera permanente, cualquier otra ocupación le parecía, en comparación, una aburrida y lastimosa manera de perder el tiempo.

Su personalidad también iba perfilándose en diversos rasgos muy definidos. Cuando a los quince años un matrimonio de barberos le contrató a tiempo completo, duró lo mismo que en sus anteriores trabajos; cada vez tenía más claro que lo que quería era ser su propio patrón, ganar dinero en su tiempo libre y, por supuesto, a su manera. Un dinero que gastaba, cada vez más consciente y preocupado por su propia apariencia, en ropa elegante. Ese cuidado por la indumentaria y por la imagen que transmitía no se reflejaba, en cualquier caso, en una vida social más activa. Si con dieciséis años pedía que ya no lo llamaran por el diminutivo de Dries, sino que se dirigieran a él como Andre, sus relaciones —la amistad con Cees Frijters aparte— eran casi inexistentes. Tomó conciencia, ya en los primeros sorbos, de que la cerveza no le sentaba bien, le ponía iracundo y violento. En consecuencia y durante toda su vida, se acercaría al alcohol solo de manera esporádica y en ínfimas cantidades. Y si su socialización entre iguales era escasa, su relación con el sexo opuesto podía calificarse sin ambages de inexistente. Quienes lo conocieron en aquella época, su familia incluida, estaban más que convencidos de que a esa edad todavía no había tocado pelo ni por casualidad. Tenemos pues a un joven díscolo y presumido a quien no interesa en absoluto ni la farra, ni la priva, ni las chatis. ¿Un nini en potencia? En absoluto. Dries, perdón, Andre, podía ser un adolescente atípico en lo referente a los intereses propios de su edad, pero al contrario que muchos de ellos, tenía muy clarito lo que quería. Algo que podría resumirse en pasta, aventura y libertad. Tres objetivos que, era obvio, no iba a conseguir en el agujero apestoso en el que había vivido hasta entonces. La solución estaba clara; había que largarse de allí. ¿A dónde? Sin un duro en el bolsillo y con una formación profesional tan variada como inútil, irse a Rotterdam y vivir con la familia de su tío Jan Ponsie parecía una de las mejores opciones.

Por supuesto, a su madre no le hizo ninguna gracia, pero viendo su determinación, entendió que nada de lo que ella pudiera decir o hacer iba a retenerle en Breda. Solo le pidió que fuera a ver a su padre, internado en el hospital, y le pidiera permiso. Adam, hecho un pingajo y sin ánimos para discutir, llegó a la misma conclusión que su esposa. El niño quería ver mundo, volar libre. Adiós, pajarito.

CAPÍTULO 2

¿Quién demonios es ese tal Tom Parker?

A finales del verano de 1925, Andre era una figura habitual en los brumosos muelles de Rotterdam, pasando las horas muertas viendo los barcos zarpar hacia mil y un exóticos destinos, soñando el momento en que él mismo embarcaría en uno de ellos. Durante un tiempo y al igual que había hecho en Breda, saltó de un empleo ocasional a otro, hasta que su tío le recomendó para trabajar en Spido, una empresa de transporte marítimo en la que él trabajaba en la oficina de envíos. Andre encontró allí una cierta, aunque transitoria, estabilidad. Y un sueldo que le permitía costearse sus propios caprichos y, al mismo tiempo, enviar dinero a su madre. Especialmente ahora que en casa las estaban pasando canutas: el 6 de julio, Adam van Kuijk murió a la edad de 59 años. A raíz de su deceso, la empresa Van Gend & Loos, en un ejercicio de sensibilidad empresarial de lo más emocionante, puso a Maria y a los niños de patitas en la calle. Obligados a mudarse a una casa más pequeña e incómoda, sin los ingresos del *pater familias*, lo que quedaba de la tribu no veía en el horizonte más que negros nubarrones. Seis meses después, en enero de 1926, Jan Ponsie se convirtió en tutor de los seis hijos menores de edad de los van Kuijk, incluido Andre, de dieciséis años.

Obligado por las circunstancias, Andre maduraría rápidamente, asumiendo cierta responsabilidad hacia su madre y hermanos y regresando a Breda en vacaciones y en los ocasionales cumpleaños familiares. Visitas que, recuerda la familia, siempre eran motivo de alegría.

Por otro lado, pronto dejó Spido y fue contratado por un capitán que navegaba hasta Raamsdonksveer. Andre van Kuijk, de diecisiete años, era ahora marinero de la Holland America Line. Después de un año, ya no necesitaba la hospitalidad de tío Ponsie. Partía a buscar fortuna, dejando Holanda muy atrás, tal vez incluso rumbo a Estados Unidos. Será en este punto de nuestra historia cuando una constante en la misma haga aparición por primera vez: la falta de registros, entendida esta como la no existencia y/o desaparición de documentos y pruebas relativas a los movimientos y actividades de Andre. Tal circunstancia, que puede acaecer en la vida de cualquiera por los más diversos motivos, será —como veremos— tan recurrente en la existencia de Andre, que llegará incluso a definirle, convirtiéndole en un maestro a la hora de crearse una biografía confusa, embarullada y susceptible de diversas interpretaciones. Siempre en su propio provecho, huelga apuntarlo.

En esta ocasión, lo único que sabemos a ciencia cierta es que, en la primavera de 1926, le envió una carta a su hermana Marie, diciéndole que se iba a otro país. El resto, empezando por su destino, tan solo incógnitas y conjeturas, puesto que la Holland America Line no tiene registro de nadie llamado Andre van Kuijk, ni como miembro de la tripulación ni como pasajero. ¿Pudo haber sido contratado de manera temporal directamente a bordo, lo que tal vez hizo que su nombre no aparezca en la lista? ¿Se enroló con otro nombre y, en consecuencia, disponía de documentación falsa? ¿Puede incluso que mintiera y ni siquiera trabajara para esa compañía naviera, y simplemente se colara de polizón en cualquier otro carguero? Preguntas que, como otras muchas a lo largo de su vida, quedarían sin respuesta. Sin una respuesta clara y concisa, al menos. Lo único que sabemos sobre ese, su primer salto del charco, es que en cierta ocasión y muchos años más tarde le dijo a su amigo Connie B. Gay, el promotor de espectáculos country, que se había colado en Estados Unidos a través de Canadá. Y ahí sí, los registros nos detallan que Halifax, Nueva Escocia, era el último puerto de escala de la Holland America Line, antes de que los grandes barcos llegaran a Estados Unidos y atracaran en Hoboken, Nueva Jersey.

¿Se coló? Bueno, es una manera de decirlo. Como casi inmediatamente después lo encontramos —y aquí sí hay pruebas— residiendo en casa de una familia holandesa que vivía en Hoboken, una de las teorías más aceptadas al respecto es la de que Andre se hubiera unido a esa familia a bordo, los cuales podrían haberse tragado cualquier cuento que les endiñara y haber dado fe de que había perdido el pasaporte. Como igualmente nunca sabremos la verdad, volvamos a lo que sí conocemos. Al igual que había hecho con los Ponsie en Rotterdam, Andre se instaló en casa de su nueva familia, ganándose su cariño desde el primer momento. Con su inglés macarrónico y más pelado que las ratas, pasaba la mayor parte del tiempo en casa; allí tenía manutención gratis y fuera, en una de las ciudades más duras de Estados Unidos en aquella época, no conocía nada ni a nadie. Pero más allá de ese periodo de huésped a cuerpo de rey, lo más reseñable es que cortó radicalmente toda comunicación con casa. Visto en retrospectiva, parecía ensayar por primera vez esa renuncia completa a su vida anterior. Una vida que, llegado un punto, ocultaría a todos durante décadas.

No obstante, la insistencia de la familia americana para que al menos hiciera saber a su madre que estaba bien, hizo que Andre optara por una solución intermedia. Les dio la dirección de los Ponsie, y les dijo que, si querían, les escribieran. Iniciándose de este modo una curiosa y animada correspondencia entre ambas madres "adoptivas". Correspondencia que siguió un tiempo más tras la súbita desaparición de Andre, que un día estaba ahí calentando el sofá y al siguiente, simplemente, se había desvanecido. Las misivas desde Hoboken se mostraban preocupadas. ¿Le habría pasado algo? ¿estaría en apuros? ¿se habría unido al ejército? Las respuestas desde Rotterdam, donde lo conocían un poco mejor, sospechaban que más bien se habría unido a cualquier circo que hubiera pasado por allí. No andaban desencaminados: Andre había subido a bordo del *Chautauqua*, una serie itinerante de presentaciones educativas que habían tenido un éxito tremendo en el siglo XIX y principios del XX. Entre los oradores se encontraban profesores, predicadores religiosos, actores, figuras industriales, músicos, bailarines, humoristas y especialistas en una amplia variedad de campos. Pero cuando Andre se unió a ellos, el fenómeno *Chautauqua* estaba de capa caída y se limitaba a tres vagones de tren repletos, en su mayoría, de espectáculos y fenómenos de feria. Pero como los *shows* de ese tipo estaban prohibidos en muchas ciudades (las autoridades, siempre alerta, los consideraban una nefasta influencia para la moral de los jóvenes), su socio principal, George W. Traver, se aseguró de conservar los mínimos elementos básicos del *Chautauqua* original para que no le chaparan el chiringuito.

De qué trabajó Andre allí nunca se ha sabido a ciencia cierta, pero lo que sí sabemos es que le fue fetén tanto para perfeccionar su inglés como para una primera y muy instructiva toma de contacto con la América rural y los pequeños núcleos de población. Esa era la cara del asunto. La cruz, que se trataba de un evento estrictamente estival. Con lo cual, durante el largo y frío invierno, y a falta de otra cosa, Andre se dedicó a hacer de vagabundo, en el sentido más literal de la palabra. Conoció el mundo de los trotamundos hasta convertirse en uno de ellos, conociendo sus particulares costumbres y su jerga y viajando por medio país dentro —y en ocasiones, debajo— de cualquier vagón de mercancías poco vigilado. Esa libertad salvaje, casi atávica, con la que tanto había soñado en el Viejo Continente, se le ofrecía ahora en todo su crudo y majestuoso esplendor. Dejándole, además, dos huellas indelebles: la primera, una nostalgia gastronómica por el *slumgullion*, un estofado de carne hervida que los vagabundos preparaban en una olla grande; la segunda y más importante, un respeto de por vida hacia esos nómadas que vagaban, como una gran hermandad, de un lado a otro del país.

En ese errar por todos lados, acabó en Los Ángeles, donde se sabe que comió caliente un tiempo en la Misión de Medianoche. Y de ahí, como teletransportado, apreció de nuevo en Holanda el día del cumpleaños de su madre, el 2 de septiembre de 1927. Ataviado como un señor, de traje y corbata, y cargado de regalos, el hijo pródigo había vuelto a casa tras una ausencia de año y medio en la que no había enviado ni un puñetero telegrama. ¿Por qué había vuelto? ¿Había ahorrado el salario de su segundo verano en *Chautauqua* y había comprado un billete de regreso? ¿O simplemente lo habían trincado y deportado? Si lo ocurrido fue lo segundo, el Servicio de Inmigración de los Estados Unidos no tiene registro de ello. Fiel a su hermetismo en prácticamente todo lo relacionado con sus actividades, ni explicó por qué había vuelto ni dijo una palabra sobre lo que había estado haciendo en Estados Unidos durante todo aquel tiempo.

Lo que sí quedó claro es que, en principio, no se trataba de una visita de cortesía para regresar de inmediato. Todo lo contrario. Andre se instaló y trabajó durante un breve periodo en la policía fluvial, para finalmente entrar en una empresa naviera llamada Huysers, cargando y descargando barcazas en la zona portuaria. Un trabajo de mierda, hablando en plata, tedioso y repetitivo hasta lo indecible y para el que, por si fuera poco, tenía que levantarse a las cinco de la mañana. Así las cosas, era cuestión de tiempo que acabara mudándose de nuevo a Rotterdam, desde donde tenía planeado volver a Estados Unidos. Allí, en lugar de volver a vivir con su tío, optó por aceptar una litera en el albergue de empleados de Huysers. Y entonces, un día de mayo de 1929, en lo que ya parecía haberse convertido en una costumbre, simplemente, desapareció. De alguna manera, aquel muchacho de ojos brillantes, rostro delgado y sonrisa traviesa, se había vuelto a escabullir silenciosamente. Dos meses después, en julio, Huysers devolvió el baúl que Andre había dejado en el albergue, a la casa de Maria van Kuijk. La familia lo abrió y encontró tres trajes, un rosario, una Biblia, sus documentos de identidad y un pequeño bolso que contenía lo que parecían ser sus ahorros. Y también, de nuevo, muchas preguntas sin contestar.

Pasaría mucho tiempo antes de que la familia volviera a saber de él; hasta que llegó una misiva, escrita en inglés, que simplemente decía que su hermano se había ido. La familia estaba desconcertada. Por lo escueto del mensaje, pero muy especialmente por la firma a pie de página: Andre / Tom Parker. Habría otras cartas, cada vez más esporádicas hasta que después de un tiempo, ya las firmaría únicamente con su nuevo apodo. Cartas sin remitente y que contenían tan solo la información necesaria para que la familia supiera que estaba bien y poco más. ¿Dónde estaba Andre? ¿En qué andaba metido? ¿Y quién demonios era ese Tom Parker de quien parecía haber tomado la personalidad? Muchos años después el propio Andre, perdón, Tom Parker explicó a sus allegados que hizo un trato con alguien para viajar a Estados Unidos trabajando como lavaplatos en la cocina del barco. Su ruta, según dijo a varias fuentes, fue a través de la isla de Curazao, en las Antillas Holandesas, vía Inglaterra. Desde Rotterdam, navegó hacia uno de los puertos británicos, probablemente Southampton.

Finalmente, escribió a casa para decirles que un amigo inglés le había dado los documentos que necesitaba (posiblemente un pasaporte y un visado) para entrar en los Estados Unidos. Pero lo que nunca dejó claro es si el amigo hizo los arreglos para que él se "convirtiera" en Tom Parker durante su escala en las Islas Británicas o mientras Andre todavía estaba en Holanda. Y si ya tenía un pasaporte holandés, como creen varios miembros de la familia, surge otra pregunta: ¿por qué necesitaba otro con un nombre diferente? A partir de aquí, la imagen de Andre van Kuijk, comienza a desdibujarse. La teoría más plausible apunta a que entró en los Estados Unidos a través del puerto del golfo de Mobile, Alabama, aunque en los barcos de ese año ningún historiador ha encontrado referencia alguna ni de Andreas van Kuijk ni de Thomas Parker, tanto en el registro de pasajeros como en el de la tripulación. Una vez más, la falta de documentación y la trabajada máscara de nuestro personaje, dejan la verdad en suspenso. Lo único cierto es que esa persona conocida a partir de ahora como Tom Parker, estaba de nuevo en la tierra del Tío Sam. Y esta vez, para quedarse.

CAPÍTULO 3

Nada como una feria para pasar desapercibido

En los dos años que habían trascurrido desde su primer viaje, muchas cosas habían cambiado en Estados Unidos. Y más que cambiarían, casi de inmediato, cuando en octubre la Bolsa se pegara el batacazo del siglo, hundiendo la economía en lo que dio en llamarse la Gran Depresión: un fascinante periodo que abarcaría casi una década y durante el cual los altísimos índices de desempleo, la falta de vivienda y la gusa generalizada fueron una constante. El país entero abrazó con entusiasmo un espíritu colectivo basado en la fatalidad, el pesimismo y el a la mierda con todo. Pero Parker, como algunos otros, era una excepción. Con veinte años ya llevaba más mili a cuestas que muchos con el doble de esa edad, y si algo no le asustaba en absoluto —al contrario, más bien le estimulaba— era salir ahí fuera en un contexto de miseria y recesión, a intentar sacar pasta de debajo de las piedras. ¿Dónde? Pues, con su currículum, en el mundo de la farándula, dónde si no. Con el tiempo se ha sabido que Parker llegó a unirse a entre ocho y diez circos y ferias ambulantes, desde tinglados de poca monta hasta alguno, como los *Royal American Shows*, de contrastado prestigio. Pero en aquel momento, todavía en vísperas del crack, con un inglés bastante cochambroso y una muy limitada experiencia en el mundo feriante yanki, lo suyo era conformarse con trabajar de lo que fuera, siempre que hubiera carpas, enanos y bombillas de colores.

Por otro lado, y esto no es baladí, pocos sitios más idóneos para pasar desapercibido, para esconderse incluso, que rodeado de carromatos y gente con más de un esqueleto en el armario. Quien haya ido a la feria alguna vez, ya sea de niño, adolescente o adulto, no habrá dejado de observar que buena parte del personal encargado de las atracciones no tiene pinta de visitar al gestor muy a menudo, ni de tener el certificado de penales muy limpio. Pues cien años atrás, ni les cuento. De hecho, las ferias que atravesaban el territorio americano durante la Gran Depresión vendrían a ser una versión civil de la Legión Extranjera: un reducto para descastados, fugitivos, timadores y todo tipo de chusma infecta que buscara un sitio en el que no te pidieran explicaciones. Si tenías dos brazos y dos piernas, ya eras apto. Y según para qué espectáculo, si te faltaban, casi mejor. Vamos, que si cumples con tus atribuciones y no das demasiado la murga, el quien seas, de dónde vengas y de qué huyas, nos es indiferente. Una sociedad cerrada, casi hermética, que podía ser peligrosa para los débiles de espíritu (las disputas y reyertas internas no eran cosa rara) pero que, al mismo tiempo, te proporcionaba refugio frente al mundo exterior. El de la caseta de las golosinas podía estar a la greña con los siameses, el aguador haber pinchado el hígado al ilusionista, pero si aparecía algún desconocido haciendo preguntas, allí nadie sabía nada de nada. Mutismo absoluto. Un entorno ideal para nuestro amigo el cual, como hemos visto, todo eso de borrar sus huellas y hacerse humo empezaba a convertirlo en arte.

Pero más allá de sentirse seguro en ese anonimato y de, como siempre desde pequeño, encontrarse como en casa en esos ambientes, Tom no estaba allí para disfrutar tan solo de la magia zíngara y nómada. Por más a gusto que se sintiera entre aquellos personajes y aquellas atracciones, su objetivo era siempre el mismo: ganar pasta. Y para ello, se valdría de su innato sentido comercial y empresarial. Una anécdota, contada por él mismo a Mac Wiseman, la estrella del *bluegrass* a quien contrató a mediados de los años 50, ilustra perfectamente esta vertiente: según él, se las arregló para que el director de la feria le cediera el estiércol de elefante que normalmente recogían y desechaban, y tras procesarlo, lo vendía como fertilizante. Esa habilidad para convertir algo que en principio nadie quiere, y sacar beneficio de ello, tan común a los hombres hechos a sí mismos.

¿Podía, en cualquier caso, reinventarse Andre como Tom Parker solo a base de comerciar con mierda de elefante? La respuesta es obvia. Consciente de sus talentos, pero no menos de sus —todavía— limitaciones, debía salir un tiempo de la feria y encontrar un lugar en el que reconsiderar sus opciones al tiempo que conseguir alojamiento, manutención y un salario fijo. La respuesta, de nuevo, era obvia: el ejército. El 20 de junio de 1929, Andre puso rumbo a Fort McPherson, en Atlanta, Georgia. Allí, el joven rebelde que en su país no había querido saber absolutamente nada de los uniformes, la disciplina y la propia tradición militar paterna, entró a filas. Los registros muestran que, durante su entrevista en Fort McPherson, Andre afirmó ser un tal Thomas Parker (sin inicial del segundo nombre), y se le asignó el número de servicio 6363948. Informó que era marinero y huérfano y se ofreció como voluntario para servir en el territorio de Hawái, por aquel entonces un lugar todavía de lo más remoto.

Pero como casi todo en la vida de nuestro protagonista, su estancia en el ejército aparece repleta de datos extraños, registros desaparecidos y circunstancias contradictorias. Puede que Andre no usara su propio nombre tanto por su situación de menor de edad como por el hecho de que había entrado ilegalmente en el país. Y la razón por la que nunca se convirtió en ciudadano estadounidense tendría igual explicación: un requisito para los extranjeros que sirven en las Fuerzas Armadas de los EE. UU. era una declaración legal de su intención de convertirse en ciudadanos. Sin embargo, esa ciudadanía no se concedía de forma automática, y Andre nunca siguió adelante con el proceso oficial de naturalización. ¿Por qué? Pues porque tal vez lo que buscaba era entrar y permanecer para siempre en una especie de limbo legal que le cubriera las espaldas tanto frente a algún desliz de su pasado como a un eventual problema en el futuro. Muchos años después, concretamente el 18 de mayo de 1982, en los documentos legales presentados en respuesta a una demanda interpuesta en su contra por RCA Records, Parker afirmó: "Después de dejar los Países Bajos y emigrar a los Estados Unidos, me alisté en el Ejército de los Estados Unidos en o alrededor de 1929, en el que serví hasta que me dieron de baja en 1933 o 1934. En relación con mi alistamiento, se me exigió que jurara lealtad al gobierno de los Estados Unidos de América y lo hice voluntariamente. No solicité ni obtuve el permiso del gobierno holandés para servir en el Ejército de los Estados Unidos ni antes ni después de mi servicio. Como ahora me han informado, el hecho de no solicitar ni recibir dicho permiso provocó la pérdida automática de mi ciudadanía holandesa. No soy ciudadano de los Estados Unidos, ya que nunca me he convertido en ciudadano naturalizado de este país ni de ningún otro país".

En efecto, al perder su ciudadanía holandesa y al nunca naturalizarse estadounidense, siempre podía argumentar, dado el caso, que no estaba sujeto a las leyes de ninguno de los dos países, especialmente las leyes que regulaban el proceso de extradición. Pero más allá de eso, lo cierto es que Tom Parker siempre fue extremadamente reservado sobre este período de su vida. Lo fue con casi todo, también es verdad, pero más en el sentido de inventarse o exagerar datos que en el de silenciar completamente los hechos. ¿Cuál era la razón de que nunca quisiera recordar sus días en el ejército? ¿La razón verdadera? En junio de 1982, cuando necesitó demostrar su servicio militar en los mencionados procedimientos judiciales de la RCA, su abogado se puso en contacto con el Centro Nacional de Registros de Personal y comenzó a recopilar un archivo reconstruido del servicio militar de Parker para encontrarse con una imagen mucho más clara de Tom Parker de la que nadie hubiera visto nunca hasta entonces. Y también, un tanto más deshonrosa. Tras cumplir los dos años en Hawái, había sido destinado a Fort Barrancas, una guarnición ubicada en la bahía de Pensacola, Florida, por aquel entonces considerada una perita en dulce para cualquier recluta. Poco más tarde, el 18 de julio de 1932, fue ascendido a soldado de primera clase. Todo parecía ir viento en popa, así que nadie sabrá nunca por qué el martes 27 de septiembre, aquel soldado casi modélico salió tranquilamente de Fort Barrancas y ya no regresó. Esa noche el ejército lo marcó "ausente sin permiso". Una semana más tarde, fue degradado a soldado raso y, treinta días después, fue clasificado oficialmente como desertor.

Al igual que había hecho varias veces hasta entonces, simplemente ahora me ves, ahora no me ves. Con la ligera diferencia de que no es lo mismo dejar en la estacada a tu madre o a tu tío, que al ejército de los Estados Unidos. ¿A dónde puñetas se había vuelto a ir? La cabra tira al monte, así que la teoría más plausible es la que nos dice que se unió a otro combo de titiriteros y saltimbanquis. Una visita a la hemeroteca, consultando los periódicos locales de aquel entonces, revelan que el circo *Ringling Brothers and Barnum & Bailey* llegó a Pensacola para dos únicas funciones. El 27 de septiembre. El mismo día en que el soldado Parker se ausentó sin permiso y ya no volvió. ¿Un trastorno pasajero? Una ida de olla como aquella podía justificarse, hasta cierto punto, en caso de regresar a las 24 o 48 horas y saldada seguramente con unos cuantos días de calabozo. Pero no fue el caso, porque Tom Parker estuvo desaparecido casi cinco meses, hasta que un buen día —el 17 de febrero de 1933— regresó a la base como aquel que vuelve de pillar tabaco.

La deserción era y es un delito muy serio cuando vistes de caqui, y no suele solucionarse con una colleja y un que no vuelva a ocurrir; pese a pedir clemencia, su oficial al mando marcó sus 140 días de ausencia sin permiso como tiempo perdido sin salario. E inmediatamente agregó sesenta días más de castigo: durante dos meses, fue puesto en confinamiento hasta que pudiera ser rehabilitado y reincorporado al servicio. Pero cuando lo sacaron de su celda, se encontraron con un lunático que apenas balbuceaba y sufría ataques de cólera y paranoia. De ahí a varios centros médicos militares, hasta que el 11 de agosto de 1933, después de dos meses de tratamiento, una junta médica decidió, a instancias del diagnóstico médico previo, que el soldado Parker estaba listo para reincorporarse a la sociedad. Pero como civil. Para el servicio militar, eso sí, quedaba descartado de por vida. Aquello que pudiera haber llevado a Parker a una crisis de aquellas características, como tantas otras cosas en su vida, seguiría siendo una incógnita hasta el día que se despidiera de este mundo.

Tras recibir su certificado de discapacidad, lo único bueno de todo el asunto es que, dado que se asumía que su deserción había sido provocada por una enfermedad, la baja sería honrosa.

Por entonces Tampa, la tercera ciudad de Florida tras Jacksonville y Miami, era el cuartel de invierno de varios circos y el centro de la vida ferial fuera de temporada. Sitio ideal, pues, para establecerse y seguir buscándose la vida; cosa que no parecía fácil, porque en la última carta a casa decía que estaba sin un duro, desempleado y tratando de salir adelante. Y luego, silencio total. De por vida. Y otra incógnita en el tablero. ¿Por qué Andre cortó lazos de ese modo con su madre, con la que siempre había mantenido una relación cuanto menos afectuosa? De nuevo, la respuesta se la lleva el viento. Fuera por auto convencimiento, como consecuencia de la enfermedad mental que le había hecho salir del ejército o por mil y un motivos más, lo que no admitía discusión es que Andre van Kuijk ya no tenía una madre afligida en Holanda. Andre van Kuijk, en realidad, ya no existía en absoluto. Tom Parker, un huérfano de Huntington, West Virginia había ocupado su lugar, como un parásito que se hubiera ido extendiendo por su epidermis hasta cubrirla por completo. Y bajo esa nueva piel languidecería, hasta fallecer por inanición, la momia de aquel pipiolo europeo del que ni su madre ni persona alguna supo nada más.

CAPÍTULO 4

Un coño tira más fuerte que un elefante

En 1933, Tom Parker se enroló en las filas del carnaval de Johnny J. Jones, un espectáculo —como tantos otros— de capa caída tras unos años de auge. Ligado a él como contratista independiente, empezó con un humilde puesto de dulces, haciendo manzanas de caramelo y palomitas de maíz, hasta pasar por casi todas las otras atracciones de la feria, al tiempo que iba adquiriendo otras varias concesiones pequeñas. De nuevo se hallaba en su salsa, en ese mundo que tan bien conocía y el único, posiblemente, en el que alguna vez se sintió seguro. En realidad, se identificaba tanto con ese estilo de vida que, mucho después de que sus días de feriante hubieran terminado, no dejó de buscar ese tipo de compañía. Siempre sabía dónde había instalada una carpa, por pequeña que fuera, y no dudaba en desviarse de su ruta para aparcar a las afueras de cualquier pueblucho de mala muerte e ir a ver a la mujer barbuda o al tirador de cartas, y para pasar un buen rato con los cocineros que preparaban los sándwiches de rosbif caliente. Muchos de ellos lo conocían, y viceversa. Eran gente con la que había trabajado tiempo atrás. Siempre fueron, en esencia, su familia. La familia de Tom Parker. Y, a su modo, los quería. Tanto que, hasta su muerte, siguió activo en la *Showmen's League of America*, contribuyendo generosamente a sus causas y siempre muy respetado en ese mundillo.

Fue durante este período cuando conoció a Louis "Peasy" Hoffman, un agente de Rubin & Cherry Exposition Shows. Hoffman era toda una leyenda en el mundo de las ferias. Antes de trasladarse a Rubin & Cherry, se había labrado una sólida reputación como experto en relaciones públicas, publicidad y promoción para Johnny J. Jones, Lackman Exposition Shows y Cetlin & Wilson. Y aunque muchas veces se ha dicho que gran parte del estilo de vida y la filosofía empresarial de Tom Parker provenía de su admiración por el mítico P. T. Barnum, aun siendo cierto, no lo es menos que si alguna vez tuvo algo parecido a un mentor, ese fue Hoffman. A su lado, y como un alumno disciplinado, Tom Parker aprendió todos los trucos de esa parte del oficio por la que había ido suspirando desde el principio. La que ocupaban los que cortaban el bacalao, apostaban fuerte y manejaban, en definitiva, los hilos del negocio.

Una de las lecciones más importantes y de la que sin duda tomó buena nota, fue la importancia de conocer a todas las personas influyentes, incluso en los pueblos más pequeños. Esa es la forma en que realmente funciona el mundo, le dijo Hoffman, mientras Parker tomaba apuntes como un poseso.

Visto en retrospectiva, su mentalidad era muy similar a la del niño con alma de ingeniero que desmonta cualquier juguete mecánico que le cae en las manos, en su afán de comprender cómo funciona y, a la vez, ser capaz de reconstruirlo o crear otro igual o mejor. Parker lo que quería era aprender cómo funcionaba el mundo, descubrir sus engranajes y cómo lubricarlos, aunque no para reconstruirlo, sino para exprimirlo como un limón. La máxima de que el conocimiento es poder, muchas veces olvida la última conclusión: el poder es dinero. O, al menos, te abre las puertas para conseguirlo. Y eso es lo que Parker quería aprender de Hoffman. Principalmente, su habilidad para vender publicidad; convertido en su sombra, currando de ayudante a cambio de sabios consejos, pronto lo acompañaría en sus rondas locales a la vez que adoptaba la indumentaria adecuada como aspirante a promotor. Una fotografía de él en esa época lo muestra con traje oscuro, camisa blanca, corbata de lunares y un sombrero de fieltro en la cabeza. El cigarro todavía no había hecho acto de aparición, pero no tardaría.

Pero en 1934, Parker todavía entraba y salía del *show* de Jones sin subir un mísero peldaño, trabajando ocasionalmente como vendedor de periódicos en un espectáculo secundario y también regentando un puesto de adivinación; de momento, los puestos en la oficina principal seguían tan lejos como si estuvieran en Breda. Un tanto frustrado y con las expectativas en punto muerto, el siguiente paso a dar estaba bastante claro: llamar a la puerta de Carl J. Sedlmayr y sus *Royal American Shows*. Otro *self–made man* a la vieja usanza, Sedlmayr era un ex vendedor de plumas estilográficas de Nebraska que había empezado de pregonero en una feria de segundas, allá por 1907 y que, paso a paso y compra a compra, había conseguido —gracias a un concepto del espectáculo basado principalmente en la calidad— llegar a 1933 como líder en la industria del entretenimiento. Los más de mil trabajadores que subían a los setenta vagones privados del tren Royal American cada primavera, daban fe de ello. Con la seguridad en sí mismo que poco a poco había ido adquiriendo, y que muchos terminarían confundiendo con desfachatez pura y dura, Tom se presentó en las oficinas de la Royal American vendiéndose como un experto en publicidad, agentes de prensa y anuncios, adiestrado por nada menos que Peasy Hoffman. Posiblemente sonó muy convincente, pero para engatusar a un viejo zorro como Sedlmayr hacía falta algo más, no tardando ni un segundo en detectar, bajo toda aquella verborrea, a un farsante revestido de ínfulas. Algo debió ver, sin embargo, en aquel joven entusiasta y corajudo; y así, en vez de echarlo a la calle de una patada en el culo, le dijo a Curtis Velare, el gerente de la concesión, que lo pusiera en un puesto de helados. No era, desde luego, el puesto en gerencia al que nuestro inocente amigo aspiraba, pero al menos, como se suele decir, ya estaba dentro.

En adelante, Parker intentó casi todo para abrirse paso en el carnaval, pasando del algodón de azúcar al forraje para los animales y a todo un mundo intermedio. Pese a todo el esfuerzo, el trabajo y la dedicación, los mandamases seguían sin considerarlo para el puesto de agente de prensa ni para, en realidad, ningún puesto de responsabilidad. Y nunca lo hicieron. De aquellos *Royal American Shows* de los cuales Tom pensaba salir revestido de influencia y prestigio, tan solo se llevó la satisfacción —y tal vez el orgullo— de ver su nombre asociado al espectáculo más famoso de su época. Pero estando aún trabajando en el reino de Sedlmayr, nuestro hombre recibiría una visita absolutamente inesperada: la de Cupido. En febrero de 1935, cuando los espectáculos se presentaron en la Feria Estatal de Florida, Tom se acercó al puesto de puros Hav–A–Tampa buscando muestras gratis. Pero antes de que pudiera haber encendido el primer veguero, la pequeña belleza que lo atendía se le puso simpática y el joven, que hasta entonces había dado escasísimas muestras de interés por las faldas y lo que había dentro de ellas, sintió la flecha del amor atravesando limpiamente su corazón. Marie Frances Mott, la chica en cuestión, había nacido en Pembroke, Florida, el 18 de mayo de 1908 y había abandonado a su marido tan solo un mes antes del encuentro del que les hablamos. Además, tenía otro marido, Robert Burl Ross, en su currículum y, el día que conoció y prendó a Tom Parker, un hijo de casi diez años, Robert B. Ross Jr.

En resumidas cuentas, no se trataba de una mojigata y puritana chica de pueblo sino de una mujer con bastantes tiros ya pegados; si fue su belleza, su simpatía o su estimulante y casquivana experiencia previa lo que enamoró a Tom casi de inmediato, difícil saberlo. Lo único seguro es que aquel tipo independiente e indómito había caído de cuatro patas en las redes de una fémina, haciendo honor a ese clásico dicho circense según el cual un coño tira más fuerte que un elefante. Ejemplo de sabiduría popular también expresado, en celtíbera versión, como que tiran más dos tetas que dos carretas. Llegados a este punto, más de uno de nuestros lectores —los más cínicos y suspicaces— seguro que pensarán que Parker no sintió la punzada del amor en ningún momento, y que lo que ocurrió es que simplemente vio en aquella hembra la oportunidad de tener una esposa y un hijastro estadounidense, un precioso y nuevecito as en la manga en caso de que alguna vez llamaran a la puerta los señores de inmigración. Bueno, atendiendo a su currículum hasta el momento, podemos entender dichas sospechas e incluso aceptar que dicha posibilidad pasara por la cabeza de Tom. Pero como románticos irredentos que somos, queremos pensar que sí hubo flechazo, que sí hubo música de arpa y rayos de sol rompiendo las nubes e iluminando a ambos tortolitos en la caseta de los puros, uno a cada lado del mostrador. O si no, al menos, que hubo un coño tirando con la fuerza de un paquidermo. La cuestión, hablando en serio, no sería cuán enamorados estaban o lo bien que les iba en el catre, sino que ambos tenían una serie de necesidades que el otro cubría la mar de bien. Como se suele decir, formaban un buen equipo. Marie, ejerciendo tanto de amante como —y, sobre todo— de madre sustituta. Eran ya muchos años de bregar en solitario, tratando de salir adelante, y el consuelo que podía ofrecer esa mujer fue tan determinante, a la hora de la verdad, como la voluptuosidad de sus caderas. Además, en los fogones era un hacha. Punto extra, para acabar de decidir la balanza, tras tantos años de comer como un triste y amargado soltero. Tom, por su parte, era un oasis en el desierto para ella, una mujer sin estudios y con un hijo a cargo en plena Gran Depresión; sumémosle que además él representaba viajes, riesgo y aventuras, y tenemos el cuadro completo.

Únicamente quedaba formalizar su unión ante los ojos de la sociedad, pero de nuevo y como siempre que en nuestro relato hay papeles de por medio, la cosa se complica. Parece ser que contrajeron nupcias en Alabama en 1935, pero nadie de la familia de ella recuerda nada al respecto. Ciertamente, no tenían la cuenta corriente como para ofrecer un opíparo convite, pero es que resulta que Marie no se divorció de Willett Sayre, su último marido, hasta 1936. Y, por otro lado, tampoco existe ninguna licencia de matrimonio registrada para ellos en ningún estado en el que vivieran o visitaran en aquella época. Una prueba más (no será la última) de la aversión a los documentos legales que Tom tuvo durante toda su vida, siempre tratando de ocultar ya fueran sus orígenes, su pasado, sus intenciones o su condición de apátrida.

Aquellos que conocían bien a Tom, estuvieron siempre convencidos, empero, de que él y Marie estaban legalmente casados, pues también sabían de su rechazo a que las parejas vivieran juntas fuera del matrimonio. La teoría más aceptada al respecto es que se casaron en un entorno circense, tal vez a través de la *Showmen's League*, con algún conocido oficiando la ceremonia. Un poco como esas bodas grotescas de hoy día, en las que un par de gilipollas vestidos de neopreno se dejan casar por un surfista famosete en una calita cuqui de alguna isla tropical, por ejemplo, y paridas del estilo. Pero en su caso, con mucha más razón de ser. Si alguien tenía que declarar marido y mujer a esos dos elementos, casi estaba más cualificado un jefe de pista que un presbítero recién ordenado.

Unidos e inseparables de ahí en adelante, ambos lucharon juntos por superar unos de los periodos más duros en una década ya de por sí desoladora. Marie pugnaba por alimentar tres bocas con cincuenta míseros centavos al día, eso cuando había suerte. El 6 de marzo de 1937, cuando ambos se inscribieron en la Seguridad Social, marcaría la primera aparición oficial del segundo nombre: Andrew. Con cuidada caligrafía y la misma seguridad en sí mismo que tiene el tahúr con un as en cada manga, Tom escribió en el formulario que su empleador actual era Park Theatre, un cine ubicado en el 448 de West Lafayette Street. Su lugar de nacimiento, Huntington, West Virginia. Y sus padres, Edward Frank Parker y Mary Ida Ponsy. Una efervescente, chispeante retahíla de trolas que quedarían negro sobre blanco y aceptadas como verdades hasta mucho tiempo después. Su suerte, en cualquier caso, seguía sin cambiar. Llegado un punto, en otoño, tuvieron que enviar a Bobby a casa de la abuela, para por lo menos garantizar al chaval un plato en la mesa y que no acabara anémico. Ellos, por su parte, se dedicaron a pasarlas putas durante meses, malviviendo con un dólar a la semana y durmiendo en graneros, establos e incluso en reservas indias. Cuando la pareja regresó a Florida, se mudaron con los Mott; una humillación para cualquier hombre en aquel entonces, el tener que tirar de familia política por no poder mantener a su esposa ni mucho menos darle un hogar, pero no para nuestro amigo. Para él, conceptos como sablear o gorronear no tenían connotación negativa alguna. Eran un medio para un fin y ya se tratase de la familia de Rotterdam, los pardillos de Hoboken o ahora sus propios suegros, alicatarse en casa ajena por un periodo más o menos prolongado, jamás le supuso problema alguno. Con techo y lecho garantizados pues, pero con las perspectivas laborales igual de funestas, llegó el momento de reinventarse, echando mano de una estafa clásica: la del vendedor de Biblias. Quien haya leído la novela de Joe David Brown, *Addie Pray*, o en su defecto haya visto la adaptación cinematográfica de la misma, titulada *Luna de Papel*, ya sabrá de qué estamos hablando. Los más mínimos escrúpulos, si alguna vez habían rondado por su conciencia, a esas alturas estaban ya muertos y enterrados.

La suerte empezaría a cambiar al año siguiente. Parker dirigía una parada en la Royal American, cuando conoció a Gene Austin. Hoy día, ese nombre ha quedado sepultado en las catacumbas de la cultura popular, pero en su momento fue un fenómeno mediático de proporciones siderales, un joven donjuan que tras los *shows* volvía a su habitación de hotel y encontraba mujeres escondidas debajo de la cama. Vamos, que quien crea que Motlëy Crüe inventaron algo al respecto, ya ve que llegaron muy tarde a la fiesta. La verdad es que a finales de los años veinte, no había un cantante más famoso que Austin en todo Estados Unidos; un solo dato: entre 1924 y 1934, vendió 86 millones de discos. Cinco millones solo de su gran éxito, «My Blue Heaven». Por aquel entonces Austin se movía en el circuito teatral para promocionar su primera y única película del Oeste, *Songs and Saddles* (una baratija a la que recomendamos ni acercarse), y fue allí donde lo pilló por banda Parker, tardando medio minuto en tratar de venderle la burra presentándose como un agente de prensa y mánager de primera línea, con contactos en toda la región. Aunque Austin no necesitaba sus servicios en aquel momento, unos meses más tarde sí contactó con él. ¡Qué capacidad de persuasión la de Tom Parker!, pensarán ustedes. Bueno, sí y no. Sin quitarle méritos, aclaremos que en 1938 Austin no era, ni de lejos, lo que había sido. Los millones que había ganado, que no eran pocos, se habían volatilizado entre mansiones, coches y juergas mil. Y por si con eso no bastara, su afición al alpiste le había dejado la garganta —y, en consecuencia, su voz— para el arrastre. Bing Crosby le había arrebatado la corona y a sus treinta y ocho años él trataba, si no de recuperarla, sí al menos de salir a flote. La noche en que, tras enviarle un telegrama, se reunió con Parker en Atlanta, Austin estaba a punto de encabezar una gira del *Star–O–Rama Canvas Theater*, un espectáculo itinerante que atravesaba el profundo Sur. Ambos congeniaron de inmediato y Parker se puso manos a la obra, en teoría como ayudante del nuevo representante de Austin, Jack Garns, promocionándolo con las técnicas que había aprendido de Peasy Hoffman. Incansable en esta nueva faceta, Tom tuvo el espectáculo a toda máquina en un tiempo récord. Un éxito que le abrió los ojos al respecto: el nivel de poder, fama y dinero que se podía alcanzar siendo representante, no lo había visto ni de lejos en todos sus años de feriante. Tal y como le dijo en cierta ocasión a uno de sus ayudantes: "las estrellas van y vienen, pero un representante puede trabajar hasta que muere".

Pero fue entonces cuando el Gobierno empezó a embargar la mayor parte de las ganancias del espectáculo para pagar impuestos atrasados. Parker trató de mantener la caravana a flote con varios de sus juegos de manos. Uno de los clásicos era pedirle a Austin que firmara unos cuantos cheques, que presentaba en las gasolineras contándoles a todos lo maravilloso que era trabajar para el gran Gene Austin. "Es un autógrafo de verdad, creo que quedaría genial colgado en la pared", sugería. Obviamente, cada cheque enmarcado significaba un cheque menos cobrado, un truco que repetiría con Elvis a mediados de los años 50. Al final, sin embargo, durante una gira por Virginia en 1940 no hubo forma de detener lo inevitable y el *Star–O–Rama Canvas Theater* plegó velas. Pero Parker había encontrado por primera vez una ocupación que le permitía usar su experiencia hasta el momento (y sus chanchullos) y, a la vez, optar a las más altas cotas de fama y dinero.

CAPÍTULO 5

No pierdas de vista a Eddy Arnold

En 1940, con el país cada vez más próximo a entrar en la gran contienda y con el objetivo primordial de frenar las actividades subversivas, el Congreso aprobó la conocida como Ley Smith (Smith Act), o Ley de Registro de Extranjeros, que exigía que todos los ciudadanos no estadounidenses se registraran en el gobierno federal. Una ley que, básicamente, ofrecía legalizar su situación a millones de personas en el país y que, en lógica, debería haber interesado a nuestro amigo: no solo le ofrecía amnistía por sus once años de residencia ilegal, sino que podía encaminarlo directamente hacia la ciudadanía estadounidense. Sin embargo, y al igual que ocurrió durante su experiencia en el ejército, ante una inesperada pero magnífica oportunidad como aquella, Parker simplemente miró hacia otro lado. ¿Por qué, de nuevo, ese interés en permanecer en tal limbo legal? Existen varias teorías al respecto, pero la más popular es la que habla de un acto criminal cometido tiempo atrás. Abrimos inciso.

En los días posteriores a la muerte de Elvis Presley en agosto de 1977, el periodista Dirk Vellenga estaba en su escritorio de la redacción del periódico *De Stem* cuando recibió una llamada telefónica anónima. Era la voz de un hombre: "¿Sabes que el coronel Tom Parker viene de Breda? Se llama van Kuijk y su padre era el encargado de los establos de Van Gend & Loos en el Vlaszak". El soplo no era una exclusiva, precisamente. Dicha información ya había sido publicada con anterioridad en dos ocasiones, la primera por parte de Dineke Dekkers en la revista del club de fans *It's Elvis Time* en 1967, y la segunda en 1970, en el fanzine de Hans Langbroek *The Hillbilly Cat*. Pero si hasta entonces Vellenga pensaba que solo era un rumor, ahora su curiosidad se había despertado y empezó a husmear en los primeros años de Parker, entrevistando a su familia y a sus compañeros de escuela. Muy pronto tuvo suficientes datos para escribir una serie de artículos. El primero apareció en el periódico en septiembre de 1977 y llevó al reportero a una búsqueda, una obsesión casi, que lo impulsó durante años. Al final de uno de aquellos artículos, Vellenga planteó una pregunta: "¿Pasó algo grave antes de que Parker se marchara ese verano de 1929 a Estados Unidos, o tal vez en la década de 1930, cuando rompió todo contacto con su familia en Breda?". Un lector pensó que sabía la respuesta y en 1980 envió una carta a Vellenga, al periódico. Una carta sin firmar.

Caballeros:
Finalmente, quiero decir lo que me contaron hace 19 años, sobre este coronel Parker. Mi suegra me dijo que, si sale algo a la luz sobre este Parker, les diga que se llama van Kuijk y que asesinó a la mujer de un verdulero en la calle Boschstraat de Breda. Este asesinato nunca se ha resuelto. Pero busquen información y descubrirán que esa misma noche se fue a América y adoptó un nombre diferente. Y por eso es tan misterioso. Por eso no quiere que se sepa. Pero créanme, esta es la verdad y nada más que la verdad. Me fue dicho de forma confidencial. Lo llevo conmigo desde hace años y ahora me alegro de poder contarles lo que pasó. Esta es la verdad. Gracias.

Vellenga descubrió que, efectivamente, había ocurrido un asesinato en las fechas apuntadas. Anna van den Enden, una recién casada de veintitrés años, esposa del comerciante de patatas Wilhelmus van den Enden, había sido asesinada a golpes en la cocina de su casa, detrás de la tienda. El crimen fue lo que se llama un asesinato con intención de robo, ya que el dormitorio y el baño habían sido saqueados en una aparente búsqueda de dinero. Más sorprendente aún, la fecha, el 17 de mayo de 1929, coincidía con la repentina desaparición de Andre. Pero la investigación llegó a un punto muerto y el caso se archivó sin resolver. ¿Podría ser verdad aquello que contaba el anónimo? Sí que existían una serie de circunstancias que podían relacionarle tangencialmente, pero ninguna prueba fehaciente. ¿Era Parker un hombre violento hasta ese punto? La gente que trabajó con él dice que era temperamental, que tenía ataques de ira súbitos que venían tan rápido como se iban, pero que nunca le vieron en agresiones físicas. Pero, de ser cierto, ¿podría ser aquella la causa de sus renuncias a nacionalizarse y sus sempiternos juegos de espejos en todo lo relativo a su situación legal? Así las cosas, dejaremos que los lectores de 2024 elucubren y hagan sus conjeturas mientras cerramos el inciso y volvemos a 1940. Un año en el que, en lo profesional, las cosas no andaban muy boyantes. De trabajar con Austin, Parker había pasado a cuidar de unos ponis en el recinto ferial, una degradación considerable. Pero la fortuna siempre acaba sonriendo a aquellos que la persiguen, y el golpe de suerte que le llegó ese otoño, fue de los gordos: un puesto como agente de campo en la Sociedad Protectora de Animales del Condado de Hillsborough, un refugio para animales sin hogar a cargo de la Humane Society. Parker había heredado el amor de su padre hacia los caballos y lo había ampliado a una gran parte del reino animal. En contacto con todo tipo de bichos desde su más tierna infancia, encargado de cuidarlos y alimentarlos en numerosas ocasiones, su actitud hacia todo tipo de criaturas no humanas —y al contrario que hacia éstas— siempre se caracterizó por el respeto y el cariño. Así pues, qué mejor que ese nuevo trabajo en el que podía combinar su amor hacia los animales con sus habilidades como promotor, encabezando campañas de recaudación de fondos de lo más lucrativas. Además, el empleo venía con una golosina añadida: un bonito apartamento amueblado y sin alquiler en North Armenia Avenue, en la zona oeste de Tampa.

Desde el principio, Parker abordó el trabajo con entusiasmo, rumiando y ejecutando una infinidad de planes para recaudar dinero. Un año después de su nombramiento, la Sociedad Protectora de Animales era más que solvente, al tiempo que él mismo se convertía en una figura familiar en la comunidad. También por aquella época entró en escena un chaval de veintitrés años, medio retrasado, que atendía al curioso apelativo de Bevo Bevis. El primero de una larguísima lista de asistentes jóvenes —en la práctica, una bizarra corte de lacayos y esbirros, hablemos claro— a quienes Parker confería el título de hijo: Byron Raphael, el actor George Hamilton, los promotores de conciertos Mike Crowley y Greg McDonald, y hasta los gemelos del country Ted y Tom LeGarde entre otros. Pero, aunque ninguno de ellos se libró de sus malas artes y pulgas, a ninguno lo puteó tanto como al pobre Bebo, humillándolo en público y encargándole los trabajos más desagradables en una relación que se prolongó, con tiras y aflojas continuos, durante cuarenta años.

En numerosas ocasiones se ha especulado acerca del porqué de estos hijos "adoptivos" que jalonaron su vida, más cuando él ya tenía un hijastro en la figura de Bobby Ross. Pero la verdad es que entre ambos nunca se estableció una auténtica relación de padre e hijo. Bobby veía a Parker más como un amigo mayor que como un padre, y Parker, quien nunca lo adoptó legalmente, siempre pareció tratarlo con cierto distanciamiento emocional. El amor paternofilial, en cualquier caso, era la última de las preocupaciones de Parker, cuya cabeza ya hacía tiempo que maquinaba cómo volver a la promoción de conciertos. Sería mientras todavía se encargaba de perros tullidos y loros afónicos cuando regresó a las andadas iniciadas junto a Austin, con el pretexto de sacar dinero para la Humane Society. Como la mayoría de nuestros lectores ya habrán adivinado, Parker sabía tanto sobre música Country & Western como sobre física nuclear; pero algo sí sabía: aquel sonido era la banda sonora del currante, del granjero, del tipo de la calle. De la gente que pasa por taquilla para ver a sus ídolos del *Grand Ole Opry*. Así que, junto a dos socios, alquiló unas instalaciones de la Guardia Nacional y fichó a Roy Acuff, la mayor estrella del momento después de Bill Monroe, y a una nueva comediante llamada Minnie Pearl. Echando mano de su arsenal de estrategias, para el debut de su espectáculo country organizó una promoción junto a una cadena de supermercados, para que estos vendieran las entradas con descuento en sus establecimientos, previa entrega de un cupón del periódico. De esta manera conseguía que las tiendas pagaran la publicidad y además convertir cada caja registradora, en un área de tres condados, en una taquilla. El resultado, como no podía ser de otra manera, fue colgar el cartel de Entradas Agotadas.

El éxito animó a Parker, que trató de convencer a Acuff para ser su representante. Picó en hueso, pero antes de separarse, el cantante le dio un soplo que valía su peso en oro: no pierdas de vista a Eddy Arnold. Vocalista en los Golden West Cowboys de Pee Wee King, Arnold era la típica perla en bruto llamada, antes o después, a triunfar en solitario. Parker, que sabía reconocer un buen chivatazo, tomó buena nota del consejo.

En 1942, el refugio de animales empezó a quedar cada vez más orillado en favor de un propósito todavía más noble y concreto: centrarse en aprender cómo se hacía pasta de verdad en Nashville. Para ello, se alió momentáneamente con dos de los mejores promotores de la ciudad: J. L. Frank y Oscar Davis. Y dio la casualidad, mira por dónde, que Frank era el mánager de los Golden West Cowboys y encima el suegro de Pee Wee King. Con lo cual, mientras mantuviera trato con él, seguiría teniendo a Arnold en su órbita, a la espera de que llegara su momento. El floreciente negocio de la música country tenía un potencial prácticamente ilimitado, y Parker tenía la intención de quedarse una buena parte del pastel.

Y si estamos en 1942, con el amigo Adolf llevando su espectáculo itinerante por medio mundo, ¿cómo se libró Parker del reclutamiento? se preguntarán algunos de ustedes, de nuevo los más atentos. La respuesta en este caso es sencilla y directa: por gordo. Bueno, la primera vez esquivó el marrón argumentando que su caso debería ser clasificado como "aplazado por razones de dependencia", al tener todavía a Bobby en casa. Pero cuando en marzo de 1944, la junta de reclutamiento volvió a llamar a su puerta, Parker, cuyo peso y volumen empezaban a desbordarse, hizo un último esfuerzo y se atiborró de tal manera que no hizo falta ni pesarle para declararle inútil a simple vista. Instalando su base en la nueva casa del sur de Tampa, creó la *Tom Parker's Hillbilly Jamboree* y restringió la mayoría de sus promociones a tres ciudades clave del estado: Orlando, Daytona Beach y Jacksonville.

A principios de 1943, gracias a un acuerdo con J. L. Frank, reservó a Pee Wee King y a sus Golden West Cowboys en un hotel de Tampa para un espectáculo y baile de la Humane Society. A partir de ahí, la banda tocó en teatros durante tres semanas por toda Florida. Con ello, le hacía la pelota a Joe Frank contratando a su yerno, pero, más importante todavía, podía evaluar bien a Eddy Arnold. Y desde luego le gustó lo que vio, aunque cuando éste dejó la banda de King en mayo, decidió esperar un poco más.

Tarde o temprano, encontraría la manera de cortejarle y hacer que cayera en sus brazos. Para ello, aparte de estudiar la manera de pensar de los músicos de country y buscar sus puntos débiles, empezó a dejarse caer por Nashville más a menudo, siempre provocando que él y Arnold, ahora al frente de su nuevo combo, los Tennessee Plowboys, coincidieran de un modo u otro. Tras trabajar como *road manager* de Pee Wee King durante la mayor parte de la temporada, regresó a Florida y contrató una serie de shows para Ernest Tubb. El que sería conocido como The Texas Troubadour era un nombre en ascenso, especialmente a raíz del éxito de su tema «Walking the Floor Over You» un par de años antes y Parker pronto tuvo planes para él. Desde 1941, la Oficina de Servicios para Artistas de WSM había estado encargando una serie de espectáculos de verano en carpas que llevaron al *Opry* desde su base en el centro de Tennessee hasta el Sur más rural y paleto. Parker se había postulado como agente general para el espectáculo de Jamup & Honey de 1944, que se realizaría en abril y llevaría la música country a audiencias que no podían viajar debido a las restricciones de la guerra en materia de neumáticos y gasolina. Aparte del dúo cómico, el *show* lo protagonizaban Tubb, Uncle Dave Macon, Minnie Pearl y sí, Eddy Arnold. Gracias a las recomendaciones de Acuff, consiguió el trabajo. El contrato de representación de Arnold con su mánager Dean Upson no vencía hasta octubre de 1945, pero Parker quería sentar las bases ya en aquel momento. Teniéndolo actuando en la carpa, se multiplicaban las ocasiones en que podía pillarlo en un aparte y, cual gota malaya, seducirlo para acabar persuadiéndole. Durante aquella gira, Parker pasó mucho tiempo con la compañía, compartiendo comidas, contando historias, paseando por la ciudad con ellos antes de cargar los vehículos y dirigirse a la carpa para la actuación. Y puede que en aquel momento él no fuera consciente, pero ese medio año en compañía de cómicos y comediantes country tuvo un profundo efecto en su pensamiento y estilo empresarial. En los años siguientes, a menudo contrataba a un comediante para abrir sus espectáculos, ya fuera el cabeza de cartel Hank Snow o Elvis Presley, incluso cuando esos números no es que ya no estuvieran de moda, es que ni siquiera se consideraban apropiados en muchos estados.

Lo único que nadie consiguió, pese a su cordialidad y transitoria bonhomía, es sacarle ni un solo dato de su pasado. En un ambiente, el del Profundo Sur, en el que todo Cristo habla con orgullo de sus antepasados y en el que, a la que invites a alguien a un bourbon te tiene tres horas repasando la historia de su familia, que alguien supuestamente nacido allí mantuviera tal mutismo al respecto, no dejaba de ser algo muy extraño. Incomprensible, en realidad.

La temporada de espectáculos en carpa terminó en otoño y aunque Parker ya tenía muchos planes sobre Arnold, hasta que pudo conseguir el contrato de representación del cantante, contrató a J. L. Frank como promotor para mantener a sus artistas trabajando en el sur y el medio oeste. Siempre tratando de aparentar más de lo que realmente era o tenía, por aquella época solía dirigir el negocio desde el vestíbulo del Andrew Jackson Hotel de Nashville; les decía a los peces gordos de Nueva York que le llamaran a su despacho a tal hora, y se sentaba en el lobby del hotel esperando que sonara el teléfono público en la pared y haciendo creer, a quien le llamaba, que disponía de una gran oficina en la ciudad. El chaval de la feria, como siempre, vendiéndote la mula coja como brioso alazán.

Cuando Eddy Arnold comenzó a ser conocido a nivel nacional, Parker volvió a la carga, esta vez ya con la intención de cerrar un acuerdo. Para ello, le comió el coco hasta convencerle de que a su lado dejaría de actuar en pequeñas ferias de condado y otros sitios de mala muerte, para pasar a teatros y recintos de mayor capacidad. Finalmente, en el otoño de 1945, un apretón de manos selló el trato para representarlo en exclusiva. Las condiciones —Parker se quedaría con el 25% de los ingresos y los gastos irían a cargo de Arnold— en este caso eran lo de menos. Lo importante, a entender de Parker, era haber podido unir su nombre y su oronda figura a la de una estrella en ciernes como aquella. Era un modo de poder decir a la gente: "a ver señores, atiendan: ya estoy en otra liga". Una vez ahí, con el primer y más importante objetivo conseguido, se podrán buscar peros a las artimañas usadas para haberlo conseguido, pero lo que nadie pudo negar (ni lo pudo hacer nunca en ese sentido) es que Parker daría el callo a base de bien, trabajando para sus representados con un ahínco y una perseverancia prácticamente exclusivas. Se pateaba el país buscando pasta en promoción, dando la tabarra a las radios y visitando las ciudades con fechas ya cerradas las veces que hiciera falta; todo, para que de la visita de su chico se enterase hasta el último mono del lugar. Obviamente, ese ritmo de trabajo debía ser correspondido por Arnold y su equipo; sacándolo del que hasta entonces había sido su hábitat natural y también apretando la agenda hasta que sacara humo. Hubo un momento en que llegaron a actuar cinco noches a la semana, regresaban a casa el sábado para actuar en el *Grand Ole Opry* y el domingo de vuelta a la carretera. Un ritmo extenuante que, como veremos, no sería la última vez que emplearía. En efecto, con el que están ustedes pensando.

CAPÍTULO 6

Cincuenta de los grandes bien valen un infarto

Para cuando Parker asumió la representación de Arnold, el Tennessee Plowboy estaba disfrutando del éxito de «Each Minute Seems a Million Years», el primero de una larguísima lista de *hit singles* a lo largo de su carrera. Una lista a la que contribuyó y no poco la estrategia de Parker, en cuyas iniciativas —una serie de discos que encabezaron las listas, el visionario uso de la televisión como nuevo canal de masas, una cierta incursión en películas de Hollywood e incluso compromisos en Las Vegas— no cuesta ver una primera versión, como un campo de pruebas podría decirse, del plan que un tiempo más tarde desplegaría para Elvis (¿ven como cada vez sale más a menudo? Ya falta menos). Eso, en lo referente a la táctica de puertas afuera. En la retaguardia, Parker empezó a manejarse con unos modos que acabaría convirtiendo en marca de fábrica; principalmente manteniendo a su cliente lo más ajeno y apartado de la discográfica que podía, al tiempo que manipulaba su conocimiento sobre las complejidades de los acuerdos. En resumidas cuentas, se trataba del clásico "tú dedícate a cantar y déjame hacer a mí el resto, que yo sé lo que te conviene" para, de ese modo, aparecer ante los ejecutivos como alguien de tanta o incluso más importancia que el propio artista. De hecho, en los carteles empezó a hacer imprimir su nombre prácticamente al mismo tamaño que el de Arnold.

Su modo de manejarse, en aquellos primeros años con Arnold, también vino definido primero por su actitud progresivamente dictatorial, apretando hasta lo indecible a los dueños de los teatros y demás locales, y segundo, por su afición (en realidad, una táctica más) a sembrar cizaña entre los miembros de la banda, buenos camaradas hasta que había llegado él.

Como todo buen manipulador, sabía que el divide y vencerás es un arma de lo más poderosa, así que poner a unos en contra de otros y erigirse él siempre —en un aparte— en árbitro y desfacedor de entuertos, fue una estrategia que le funcionó de maravilla. Otra estrategia, la de conservar la amistad con viejos camaradas, le proporcionaría el título por el que sería conocido a partir de entonces y para la posteridad. En octubre de 1948, emprendió un viaje a Baton Rouge, para visitar a Bob Greer, un antiguo feriante que había prosperado hasta convertirse en asistente del gobernador de Luisiana, Jimmie Davis (quien era, a su vez, un ex cantante de country). Parker y Greer estuvieron hablando y bromeando, recordando sus viejas triquiñuelas, hasta que alguien sugirió que una persona como Parker debería tener un título. Él se lo tomó como un reto y se negó a abandonar la ciudad hasta que el documento que lo designaba coronel de la Milicia Estatal de Luisiana —con todos los derechos, privilegios y responsabilidades correspondientes— estuviera en sus manos. Y aunque no sabemos lo que le dijo Greer a Davies ni cómo lo convenció, Parker salió de Baton Rouge convertido, para siempre, en coronel. Pero títulos y méritos aparte, lo que era indiscutible es que Parker estaba elevando a Arnold a la categoría de artista country con más ventas y eso, en demasiadas ocasiones, hizo que el cantante y su entorno tuvieran que tragarse ciertos sapos respecto a los modos del orondo dictador. *Verbi gratia*, sus negociaciones con Jean y Julian Aberbach, dueños de Hill and Range Songs, Inc. una compañía especializada en canciones de Country & Western que acabaría siendo una pieza fundamental en la carrera de Arnold.

Viendo el éxito que disfrutaron los editores Fred Forster y Wally Fowler cuando el *plowboy* grabó sus canciones, antes de una sesión de grabación programada a principios de 1946 y por mediación de Stephen H. Sholes, alto ejecutivo de RCA, los Aberbach se reunieron con Arnold y Parker para presentar canciones y tal vez llegar a un acuerdo. Dicho documento, que de entrada incluía un jugoso cheque de 20.000 dólares para Arnold (menos el veinticinco por ciento para Parker, en calidad de representante), especificaba que todas las buenas canciones que tuvieran se las enviarían a él primero antes de recurrir a cualquier otro artista. Dicho y hecho, desde esas mismas sesiones, en las que Arnold grabó dos de sus canciones («Can't Win, Can't Place, Can't Show» y «Chained to a Memory»), la mayoría de las grabaciones de Eddy Arnold incluyeron al menos una canción publicada por Hill and Range. Arnold estaba evidentemente satisfecho del nivel de éxito conseguido y no le quitaba buena parte del mérito a su representante, pero por otro lado había ciertas cuestiones en las que chocaban directamente. En lo artístico, las ansias por sofisticar de algún modo su sonido no fueron compartidas en absoluto por Parker. No podemos culparle, la verdad. Ya el primer homínido que golpeaba huesos contra las piedras en la sabana, hubo un momento en que no quiso "estancarse" en su sonido y quiso impulsar su carrera "experimentando" para que no lo "encasillaran". Sus compañeros, gente todavía salvaje pero con las ideas muy claras, seguro que antes de aguantar más gilipolleces del "artista", le hundieron el cráneo de un hachazo y se lo comieron. Una iniciativa, lamentablemente perdida con el avance de la civilización, que nos hubiera ahorrado muchos disgustos. Tampoco sabemos si Parker quiso comerse a Arnold (tal vez sopesó la posibilidad), pero si alguien no estaba para hostias era él. Lo que haces funciona, la gente quiere verte hacer esto y es lo que nos da pasta, chaval, así que si quieres ser más sofisticado, toma lecciones de francés y deja de joder.

Pero no era este el único desencuentro entre ambos. Parker solía avergonzar a su pupilo con sus maneras extravagantes y sus trucos de feria: cuando hizo desfilar un elefante por las calles de Nashville, por ejemplo, para anunciar una serie de conciertos, Arnold no estuvo precisamente contento. Para alguien de su estatus en aquel momento, que incluso disponía de un programa de televisión propio, una carnavalada como aquella ya no tenía mucho sentido. Para Parker, obviamente, tenía todo el del mundo. Donde se dieron las fricciones más importantes, causa final de que partieran peras, fue en lo del doble juego. O, dicho de otro modo: Parker siempre mantuvo acuerdos paralelos (por ejemplo, con RCA Victor, donde en realidad, él era el cliente y no Eddy Arnold) y jugadas a dos bandas. Por aquel entonces había empezado a trabajar con Hank Snow y Tommy Sands a través de su nueva empresa, Jamboree Attractions, lo cual —cuando se enteró— cabreó a Arnold y no poco, pues consideraba que el 25 por ciento que le pagaba era por la exclusividad. Al descubrir el pastel, casi llegan a las manos. Fue la gota que colmó el vaso. Poco después y por medio de un telegrama, Arnold le informaba de que ya no necesitaba sus servicios. Tal fue el impacto del desaire y el despido, que de propina le regaló el primer infarto de muchos por venir. Obligado a bajar de peso —ciento cincuenta kilos pesaba la criaturita—, apenas nadie se enteró de lo ocurrido. En su cabeza y su mundo, Parker temió que, si era visto como un tipo débil y enfermo, sus representados podrían desconfiar de su capacidad. Pura lógica circense, de nuevo. Sin domador no hay leones, y sin leones no hay espectáculo, ergo no hay público ni taquilla. Así que si Simba te arranca un brazo, te pones una tirita y sales a la pista a tu hora, que por algo te queda el otro.

Pero ¿quedó la cosa en un simple ahí te quedas? Tratándose de Parker, quien piense que iba a dejarse abandonar sin más, sin tener una carta bien guardada y presta a ser jugada, es que todavía no ha comprendido quién era y cómo funcionaba nuestro amigo. Una vez recuperado del susto y con el corazón más o menos puesto en hora (y tan frío, gélido como siempre), Parker telefoneó a Arnold y explicó bien a las claras cómo estaban las cosas. Si no estaba contento con su trabajo, no pasaba nada, pero había que solucionar la extinción del contrato. Y eso implicaba pagarle cincuenta de los grandes. Arnold no daba crédito. ¿De qué puto contrato le estaba hablando? Entre ellos no había nada firmado, lo suyo se había sellado como un pacto entre caballeros. Para aclarar el tema, no obstante, se citaron en la oficina de Bill Carpenter, el abogado de Arnold. Y una vez allí, Parker usó una jugarreta que ya había empleado tiempo atrás, cuando tuvo que someterse a una pequeña inspección fiscal: llegar con cientos de papeles desordenados y colocarlos en la mesa de Carpenter en plan "aquí está todo, tú mismo, a ver si te aclaras".

Mientras el picapleitos trataba de ordenar mínimamente aquel caos, Parker ejecutó la segunda parte de su truco. Sacó un papel de su bolsillo y comenzó a leer en voz alta el último contrato que había negociado para Arnold con RCA, uno que le daba al cantante cinco centavos por disco, la mayor tasa de royalties posible. Igual —nada menos— a la de una estrella como Perry Como. Además, y sin perder la compostura ni por un instante, explicó que el contrato incluía una cláusula por la cual, si alguien negociaba una tasa de royalties más alta en el futuro, Arnold también la obtendría. El acuerdo era válido por siete años, les recordó, y llevaba su firma, no la de Eddy. Ahora bien, llegado este punto, la pregunta del millón: ¿no les parece razonable, caballeros, abonarme 50.000 dólares y dejar que me haga a un lado? ¿O prefieren tener que ir liquidándome el veinticinco por ciento de los royalties que Arnold se embolsará durante estos próximos siete años? Cuentan que el asunto terminó justo en aquel instante, cuando Carpenter se giró hacia su cliente y con una voz que no admitía réplica, dijo simplemente: "Eddy, págale".

Y así, como en los más bonitos y clásicos cuentos con moraleja, el idilio entre Parker y Arnold llegó a su fin.

Segunda parte

CAPÍTULO 1

Cuando Tom encontró a Elvis

A pesar de que Parker y Arnold ya no trabajaban juntos, un acuerdo pendiente estipulaba que le seguiría reservando espectáculos en ciertas regiones; un poco como esas parejas que se divorcian, pero van alardeando de que siguen siendo muy buenos amigos, Dios les bendiga. Y sería en una de esas cuando Oscar Davis, entonces trabajando como encargado de publicidad y promoción en Jamboree Attractions, viajó a Memphis en octubre de 1954 para preparar una aparición de Arnold en el Ellis Auditorium. Como parte de su cometido, pasó por la emisora WMPS para grabar sus anuncios publicitarios y sería allí dónde Bob Neal, fundador de Memphis Promotions y DJ local le dijo "atiende, muchacho, que esto es cosa fina", o algo parecido. El caso es que le puso «Blue Moon of Kentucky», cara B del primer sencillo del crío ese, el tal Elvis Presley. Las orejas de Davis, que conservaba tanto el oído como el sentido arácnido, se pusieron alerta. Cuando Neal además le contó que el chaval llenaba hasta la bandera un bar local, el Eagle's Nest, y que las chicas presentes se desgañitaban como posesas en sus *shows*, le faltó tiempo para dejarse caer por allí junto a Neal, y comprobar con sus propios ojos cuánto había de verdad en todo aquello. Le bastaron dos canciones para pedirle a Neal que se lo presentara cuanto antes. A un primer contacto le siguió un segundo encuentro al domingo siguiente, cuando Elvis llegó al *backstage* del Ellis Auditorium para conocer a Eddy Arnold y su grupo, los Jordanaires. Allí, Davis hizo ya un primer intento para hacerse cargo de su representación, tan claro veía aquel asunto.

Al día siguiente, regresó a Nashville y se dirigió directamente a la casa de Parker. Y aunque no queda registro exacto de lo que le contó, el viejo zorro holandés se dio cuenta de inmediato de que aquello que le explicaba su colega, tenía visos de diamante en bruto. De oportunidad única. Solo se sabe que sin decir ni mu se levantó, cogió el coche y desapareció durante veinticuatro horas; y que, a partir de aquel momento, su oronda figura empezó a ser vista en los bolos de Elvis en Texarkana. Más que vista, entrevista sería más correcto, porque Parker se movía como una especie de Fantasma de la Ópera: semioculto en las sombras, apenas dejándose ver, observando y maquinando. Como un depredador que ha detectado un pichón inocente y distraído, nuestro amigo afilaba las uñas y esperaba el momento preciso para atacar.

El 1 de enero de 1955, Bob Neal asumió la representación de Elvis y empezó a buscar al Coronel, de cuya experiencia quería sacar partido. Dos semanas después, el día 15, él y su mano derecha Tom Diskin se reunieron con Neal y elaboraron un acuerdo por el cual Parker, como agente de Hank Snow Attractions, se encargaría de las reservas de Elvis. Una primera escaramuza exitosa que le permitía empezar a elaborar su estrategia hasta su objetivo final: tomar el control total de aquel joven y magnético paleto. Para ello, y tan libre de escrúpulos como siempre, lo primero era dejar en la cuneta a Neal y a Davis, sus competidores más directos; sí, su amigo, que había perdido recientemente a su representado más famoso —Hank Williams—, no escondía su deseo de hacerse cargo de Elvis. Al fin y al cabo, podía considerarse uno de sus descubridores. Para ocultar sus intenciones, la estrategia de Parker fue ir minando poco a poco la confianza de Davis en el chico, hasta que ganó por desgaste. Harto de discusiones, de oír por activa y por pasiva que Elvis nunca llegaría a nada fuera del terruño y demás cizaña, Davis acabó por perder interés y se hizo a un lado. Neal, cuyo contrato de representación expiró al año siguiente, no intuyó —pese a saberlo con potencial— hasta dónde podía llegar el de Tupelo, e igualmente se retiró de escena.

Con los dos rivales fuera de juego, el siguiente peón a derribar era Sam Phillips, el capo de Sun Records, sello para el que grababa Elvis. Y aquí, la estratagema que siguió volvería a mezclar lo genial con lo rastrero: por resumir, se sacó de la manga un rumor según el cual el contrato de Elvis estaba a la venta. Phillips se quedó de una pieza al enterarse, y contraatacó con una demanda de 35.000 dólares, cifra bastante seria en aquel momento. Su idea era poner una oferta desorbitada sobre la mesa, aceptar su renuncia, y decirles que dejaran de ir esparciendo mierda por ahí. Craso error. Parker le envió un depósito de 5.000 dólares, y más tarde RCA le pagó el precio que pedía, más un bono de 5.000 dólares. Phillips, consternado, no pudo echarse atrás. Cuarenta de los grandes a buen seguro pusieron nerviosos a varios departamentos de la discográfica, pero Parker tenía a Sholes guardándole las espaldas. Además, y a pesar de que poco después la compañía ya le había devuelto el depósito, él siempre insistió en que era su dinero el que compraba el contrato y que era su dinero el que estaba en riesgo. Y no vamos a dudar de su palabra a estas alturas ¿verdad? A partir de aquel momento, y con un Elvis en trayectoria ascendente, de la cabeza de Parker surgió una manera de hacer las cosas que convertiría la vieja, clásica y anquilosada figura del representante en alguien capaz de crear una marca y comercializarla al nivel de las grandes corporaciones, explotando todos los recursos susceptibles de generar dividendos.

Con su gran plan en mente y con la necesaria e inestimable ayuda de RCA Victor y la Agencia William Morris, en menos de un año iba a convertir a Elvis en el artista con mayores ventas en el negocio musical y el intérprete mejor pagado de la televisión. Más allá de lo que se recaudaba por entradas de conciertos y venta de discos, que no era poco, Parker consiguió que se licenciaran casi cien artículos de la marca Elvis, desde bufandas a bustos luminosos y docenas de chorradas más. Una inmensa cantidad de chucherías para exprimir a los fans, que hasta entonces no sabían que podían malgastar su dinero en muchas más cosas aparte de las rodajas de siete pulgadas. Y lo más curioso —y hasta admirable, según se mire— es que todo aquel imperio lo forjó un tipo que tenía un pésimo oído musical. Un cazurro, porque siempre lo fue, en el fondo, que jamás entendió el genio de Elvis en lo referente a su arte, empezando por sus canciones y acabando por sus dotes escénicas. Alguien que despreciaba la música de su protegido pero que, aun así, tuvo la suficiente lucidez para construir a su alrededor una maquinaria empresarial nunca vista hasta entonces, ni de lejos, en el mundo del *show business*.

Pero, aunque no vayan a reconocerlo en la vida, lo cierto es que, en 1955, en las oficinas de Morris nadie creía en Elvis. Se le consideraba un fenómeno tan fulgurante como seguramente efímero. Parker, con la vista ya puesta en Hollywood, llevaba tiempo —desde meses antes de que finalmente consiguiera que el cantante firmara contrato— tratando de camelarse a Harry Kalcheim, alto ejecutivo de la agencia, pero éste le iba dando largas. Finalmente, el 23 de noviembre, pocos días después de que RCA consiguiera el contrato de grabación de Elvis, Kalcheim (más metido en el mundo de la televisión que en el cine) movió algunos hilos para que aquel chico tuviera una primera aparición en un programa de la NBC; más por acallar a Parker que por convicción propia, bien es cierto. Los informes que le llegaban de los agentes de la compañía en la Costa Este, todos coincidían en lo pasajero de la fama de aquel pájaro. Conclusión: dadle toda la cancha que podáis, pero rapidito, antes de que baje el soufflé. Por entonces, Elvis ya había puesto su confianza en Parker de un modo absoluto, con una actitud —mezcla de confianza e ingenuidad— que casi podía considerarse pleitesía. En el telegrama que le envió poco después de cerrarse el acuerdo con RCA, le prometía una lealtad tan conmovedora como, visto en perspectiva, inquietante:

Querido coronel:
Nunca habrá palabras para expresarle cuánto apreciamos mis padres y yo lo que hizo por mí. Siempre supe, y ahora mis padres están seguros, que usted es la mejor y más maravillosa persona con la que podría esperar trabajar. Créame cuando le digo que estaré a su lado en las buenas y en las malas y haré todo lo que pueda para mantener su fe en mí. Una vez más, le doy las gracias y lo amo como a un padre. Elvis Presley.

Y es que Elvis firmó con RCA en noviembre, pero la jugada maestra de Parker se había producido meses antes, el 18 de agosto, cuando consiguió que el cantante estampara su rúbrica en el contrato de representación entre Elvis y él. No sería necesario comentar que nadie le puso una pistola en el pecho a Elvis, para firmar aquellas leoninas condiciones. Pero que se trataba de un acuerdo insólito y en aquella coyuntura, hasta cierto punto abusivo, es un hecho. En realidad, varias décadas después se consideraría ilegal, y sería anulado en consecuencia. Y también es un hecho que, con probada mala fe, Parker se aprovechó de la escasa preparación de una familia pobre y medio analfabeta de Tupelo que no sabía —ni de lejos— el alcance y la magnitud real de lo que estaban aceptando; esto es, ceder un veinticinco por ciento, recordemos, de todas las ganancias incluidos royalties. A eso había que sumarle cualquier otro gasto que el Coronel considerara que formaba parte de sus dietas, ya fuera gasolina, tabaco o tal o cual almuerzo. Según su modo de pensar —y de actuar—, él trabajaba para Elvis a tiempo completo, con lo cual cualquiera de esos gastos repercutía periódicamente en el setenta y cinco por ciento restante. Pero volviendo a William Morris, Parker no se chupaba el dedo y en poco tiempo vio que los planes de la agencia y los suyos no eran precisamente coincidentes. Con lo cual, y ya que no tenía contrato alguno con Morris —firmado, al menos—, firmó con un agente independiente, Steve Yates. A partir de enero de 1956, éste contrató a Elvis durante cuatro semanas consecutivas en el *Stage Show* de CBS–TV, un popular programa de variedades que se emitía los sábados por la noche, presentado por Tommy y Jimmy Dorsey. Y sería allí donde Elvis presentaría su primer *single* para RCA, un tema llamado a convertirse (y convertirle) en inmortal: «Heartbreak Hotel».

Kalcheim se tomó los cuernos con escasa deportividad, y emitió un comunicado un tanto iracundo. Parker le contestó con una misiva en la que venía a decirle —en resumidas cuentas— que lo que habían hecho en Morris hasta entonces y nada, era lo mismo, y que él necesitaba vender a su chico con mucho más ímpetu. O lo tomas o lo dejas, Harry. El órdago le salió bien: la oficina de Morris preparó un memorando que le otorgaba a la agencia el derecho exclusivo de representar a Elvis ante la Federación Estadounidense de Músicos, la Federación Estadounidense de Artistas de Televisión y Radio, el Gremio Estadounidense de Artistas de Variedades, el Gremio de Actores de Cine, así como para "servicios generales" y "materiales y paquetes generales". Dirigido directamente al Coronel, este memorando le otorgaba a él "la aprobación final de todos los contratos que se celebrarían para Elvis Presley durante el plazo de los respectivos acuerdos exclusivos de agencia". Al pie del documento, dos firmas: Nat Lefkowitz, del departamento de contratos de Morris, y Elvis Presley, aquel chaval de Tupelo. Un chaval que, aceptando aquel acuerdo después de haber firmado el contrato con Parker, le otorgaba al Coronel un control absoluto sobre prácticamente todas las facetas de su carrera. Y casi, podríamos decir, de su vida. Lo que nadie sospechaba en aquel momento es que Parker, íntimamente, compartía parte de las dudas de la agencia. Podía tener mucha fe en su cachorro, pero la vida le había enseñado que no hay nada seguro bajo el cielo. Y en el negocio del espectáculo, mucho menos. Había que replantearse ciertas cosas y, como tantas otras veces, a la pregunta del millón —esto es, ¿cómo mantener y prolongar la atención de la audiencia?— respondía la feria: mostrando solo aquello que quieres que vean, cuando tú quieres que lo vean. Y, una vez mostrado, escamoteárselo de nuevo. Ahora me ves, ahora no me ves. Dicho y hecho, Parker contrataría apariciones de Elvis en los programas más importantes (el de Milton Berle, el de Steve Allen, el de Ed Sullivan) y luego lo haría desaparecer de la televisión, limitando sus apariciones a la prensa escrita.

¿Qué consiguió con ello? Pues, *grosso modo*, que cada uno de sus fans lo idealizara a su gusto, ya fuera recreándolo en sus fantasías como un buen chico de pueblo que ayuda en casa y atiende en misa, ya como un Adonis primitivo e hipersexualizado que te preñaba con un simple caderazo; y todas las opciones entre medio, claro. Una jugada maestra que completaría controlando férreamente hasta la última pregunta en las entrevistas, evitando que los periodistas y sus lectores descubrieran que el innegable carisma y magnetismo de Elvis sobre el escenario tenía su contrapartida en las distancias cortas, donde su personalidad y su modo de comportarse eran más propios de un gañán, cuando no un completo zoquete.

Sin acceso a Elvis más que en muy contadas entrevistas grupales, siempre con la figura de Parker como obstáculo insalvable para acercarse al ídolo, los periodistas hicieron lo mismo que los fans: retratarlo según las muy limitadas pistas de que disponían, contribuyendo a la confusión y el misterio. A todo ello había que sumar la creciente inaccesibilidad del propio

Coronel, el primer mánager de la Historia en mostrarse igual de esquivo y huidizo que la estrella a la que representaba. Había también una última razón, y no menos poderosa, para toda aquella estrategia. Resumida en que, si tu público te puede ver por la cara cada dos por tres, a ver quién es el guapo que les convence luego de que paguen por lo mismo. La actuación televisiva presentando «Heartbreak Hotel» hizo que se vendieran un millón de *singles* del tema en tiempo récord, y siguió vendiéndose a un ritmo de 70.000 copias por semana. El ochenta y dos por ciento de todos los televisores estadounidenses habían sintonizado *The Ed Sullivan Show* en la primera de las tres apariciones de Elvis como invitado del programa, y desde que el Coronel estaba al mando, el caché de una aparición de Elvis Presley había pasado de 300 a 25.000 dólares por noche. Unos logros asombrosos cuya única amenaza, la sobreexposición, se combatió de forma tan inteligente como eficaz.

Un ejemplo de lo exponencialmente que estaba creciendo todo alrededor de Elvis lo hallamos en su Club de Fans. Menos de un año antes, Parker —a través de su secretaria— le había dado carta blanca a una adolescente de Texas, Kay Wheeler, para crear el primer Club de Fans de Elvis Presley a nivel nacional. Pero cuando el número de miembros empezó a dispararse hasta las decenas de miles, en las córneas de Parker volvió a asomar el símbolo del dólar. Al poco, anunciaba que estaba formando el Club de Fans "oficial" de Elvis Presley y que allí gratis no se iba a dar ni los buenos días. El que quisiera un carnet, unas fotos o lo que fuera, a apoquinar.

Después de las apariciones de Elvis en la televisión nacional, a la oficina de correos de Madison, Tennessee, llegaba la pasta como volcada desde el cuerno de la abundancia. Y de ahí, en cuestión de meses, a tener que trasladarse a un local mayor, con veintiuna mujeres ensamblando envíos con una foto, un carnet de miembro del club y una chapa. El dinero llegaba a tal ritmo que no podían depositarlo lo suficientemente rápido y tuvieron que pedir al banco que enviara un vehículo blindado para recogerlo. Finalmente, después de la primera aparición de Presley en *The Ed Sullivan Show* en septiembre de 1956, Parker hizo un trato con Hank Saperstein para que se hiciera cargo a través de su empresa, Special Projects. La máquina de hacer dinero echaba vapor por cada rendija. De todo ese dinero, de esa millonada, Elvis siempre fue consciente, obviamente. Pero también muy despreocupado. Para alguien de extracción tan humilde como él, poder conseguir cualquier cosa que quisiera simplemente firmando un cheque era más que suficiente. De los detalles se encargaba el gordo, que para eso le pagaba.

Obviamente, Elvis no estaba al tanto de muchas de las triquiñuelas, comisiones y mordidas que Parker perpetraba sin darle unas explicaciones que, en realidad, tampoco eran requeridas. De sus tiempos de feriante, el Coronel había aprendido que, para cerrar cualquier trato, lo principal antes que cualquier otra cosa era el adagio conocido como "primero enséñame la pasta". Ya había visto suficientes chanchullos, estafas y cheques sin fondos entre el serrín de las carpas como para toda una vida. En consecuencia, ahora exigía una cantidad sobre la mesa, en verde, para empezar a negociar. Y si la cosa iba bien, apretón de manos; ¿Que iba mal? Lo siento, otra vez será. Eso sí, yo me quedo el diez por ciento de estas estampitas, por las molestias. Diez por ciento que, ya habrán adivinado, no solía acabar registrado en los libros de cuentas. ¿Y si el trato era a distancia? Con el teléfono en ristre, que solía atender personalmente, también era un hacha, no se crean. Si daba una cifra, había que tomarla o dejarla. Si te lo querías pensar, no había problema, faltaría más. Pero antes de colgar, una cosa: si no lo aceptas ahora, en la próxima llamada el caché habrá aumentado en diez de los grandes. Tú mismo.

Del mismo modo, si se cerraba el trato, insistía en un mínimo del cincuenta por ciento de la pasta por adelantado; y lo más normal era liquidar el monto total a la devolución del contrato firmado. Y así con todo. Si Parker ya tenía antes una bien ganada fama de negociador astuto e implacable, faltaba ponerle en las manos a la gallina de los huevos de oro para que ese talento alcanzara su cénit. Lo curioso de todo el asunto es que, pese a salirle los billetes por las orejas, aquel que no lo conociera nunca podía adivinar cuán rico era por entonces. No, al menos, atendiendo a su atuendo. De aquel joven dandi europeo al que le gustaba vestir elegantemente, no quedaba ni la sombra. Su perímetro abdominal ya no le permitía precisamente ir como un pincel, pero excepto algún capricho esporádico (un traje de lino blanco o similar), la pinta del Coronel seguía siendo la del pregonero frente a la caseta de la zíngara: pantalones beige holgados, una camisa de obeso y un sombrero de los baratos. Una pinta que, a decir de muchos, mantenía también para mostrarse como alguien sencillo, rústico incluso. Un disfraz para dar a sus oponentes una falsa impresión de ventaja. En realidad, los Parker no vivían por encima de sus posibilidades en absoluto. Habían prosperado, pero apenas hacían ostentación de ello. El Coronel sí le daba a Marie absolutamente todo lo que ella le pedía, desde abrigos y zapatos hasta joyas de las buenas, pero todo ello era mostrado más cuando estaban fuera de casa, que en el barrio. Formaban parte de aquellos nuevos ricos que se mantienen más en la frugalidad (rozando la cicatería muchas veces), que en el lujo asiático. Gente que por más dinero que hayan ganado, nunca olvidan la mugre y las penurias que les acuciaron en el pasado y, como un peso del que no se pueden librar, evitan la petulancia y el derroche.

Puede que, de todo ello, también derivara el altruismo del que hizo gala desde sus tiempos con Eddy Arnold y durante toda su vida. El malvado Coronel Parker un filántropo, sí claro, pensarán algunos. Bueno, a estas alturas de nuestra historia habría que empezar a desterrar del imaginario popular la imagen de Parker como lo peor que le había pasado al mundo desde la peste negra. Y sí, Parker dio un montón de pasta a muchas organizaciones, así como a un perfil concreto de humanos que le eran particularmente gratos; más específicamente a niños, madres solteras y viejos feriantes cascarrabias. No hace falta explicar por qué. A menudo insistía en el anonimato de tales donaciones, más por evitar un efecto llamada que por otra cosa, pero en sus últimos años declaró que a lo largo de su vida había donado más de medio millón de dólares a organizaciones benéficas, buena parte de ellas radicadas en Tennessee. Allí, abogados de alto copete y diversos gobernadores repartían según su criterio. Y Parker se sentía en paz consigo mismo, al tiempo que cultivaba excelentes relaciones con una gente que siempre, llegado el caso, podía echar un cable a alguien que había entrado al país ilegalmente y nunca dejó de temer ser descubierto y deportado.

Dos billetes para Hollywood, por favor

El día después de la primera aparición de Elvis en el *Stage Show* de los hermanos Dorsey, el departamento de cine de William Morris recibía una llamada de un tal Joseph Hazen, abogado de Warner Bros. en Nueva York. La noche anterior se había topado con aquel fenómeno en su televisor y solo necesitó cinco minutos para telefonear a su amigo Hal Wallis, jefe de producción de Warner en California, y ponerse de acuerdo: allí había material en bruto para la gran pantalla. Desde William Morris les pusieron en contacto con Parker, quien —fiel a la máxima de todo buen negociador— se deshizo en posibles y tal veces. Pura fachada, pues Wallis era una especie de referente en la sombra para él desde que, años atrás, el equipo de filmación de Warner Bros. llegase a Tampa para rodar *Fuerza Aérea*. Obsesionado con el productor y deseando tener un producto que aquel no pudiera rechazar, la ocasión parecía haber llegado. Hollywood todavía era la última meca y Parker, a sus cuarenta y seis años, pretendía llegar y coronarse. Y ya puestos, coronar a Elvis. Dispuesto a ser tratado como un igual, hizo sudar tinta a Hazen y Wallis hasta aceptar un acuerdo preliminar para ceder a Elvis a los estudios Paramount durante dos días, a partir del 26 de marzo de 1956. Recibido en el aeropuerto de L.A. por Parker, Tom Diskin y Leonard Hirshan, el joven agente de William Morris asignado como representante de Presley para el celuloide, Elvis apenas dispuso de doce horas para aprenderse su parte, antes de que lo plantaran frente a su primera prueba de cámara: dos escenas de *The Rainmaker*, que Wallis estaba a punto de rodar con Burt Lancaster y Katharine Hepburn, más un número musical en *playback* de su nuevo *single* «Blue Suede Shoes».

Por lo que cuentan, Elvis mostró una notable capacidad de interpretación, dejando más que sorprendidos tanto a Hazen, Wallis y compañía, como poco después a Steve Sholes y Chick Crumpacker, de la RCA, cuando vieron la prueba en Nueva York. Pero pese a que Hazen estaba convencido de que aquel tipo no solo tenía carisma, sino que sabía interpretar, y de que el propio Elvis ambicionaba convertirse en un actor serio, las cosas iban a tomar otros derroteros. Primero, porque Wallis no quería a un nuevo James Dean ni un nuevo Brando, sino a Elvis haciendo de Elvis. Y segundo, porque Parker consideraba la carrera de su protegido en Hollywood como una simple lanzadera para vender más discos y conciertos. Fieles a su política de conseguirle a Elvis tanto trabajo como fuera posible antes de que su estrella se apagara, Hirshan convenció a Parker para aceptar la oferta de Wallis y Hazen: un contrato por una película y opciones para seis más, sin exclusividad; a Parker se le permitía hacer una película "externa" cada año, cláusula diseñada para permitir que otro estudio tanteara eventualmente el terreno. Para ver qué tipo de jamelgo habían comprado, hablando claro. Firmado el 2 de abril de 1956, el contrato estipulaba la filmación de *Loving You* y *King Creole*, se reforzaría con bonificaciones y se reescribiría por completo en octubre de 1958.

Parker, que se fiaba tanto de la gente de Hollywood como de una piraña en el retrete, no tardó en montar en cólera al saber que su propia agencia había hecho un trato que requería una exención especial del Sindicato de Actores de Cine, ya que los términos estaban por debajo de las disposiciones mínimas del contrato del Sindicato. Faltó que se enterara de que los dos coprotagonistas en *Loving You* —Wendell Corey y Lizabeth Scott—, cobraban mucho más que Elvis, para que su cabreo adquiriera dimensiones nucleares y amenazara con sacarlo de la película. Por primera vez desde que tomó las riendas de la carrera de Elvis, Parker no tenía todos los ases en la mano. En un baño de realidad que no había previsto, se dio cuenta de que una agencia del tamaño de William Morris, que representaba a cientos de clientes de renombre, no iba a jugarse sus buenas relaciones con un monstruo como los estudios de Hollywood por la carrera de uno solo de ellos. Por más importante que fuera. A partir de entonces, Parker desconfiaría de cualquier agente de Morris, al tiempo que cultivaba una creciente animosidad hacia ellos. Una ojeriza que se hacía patente en anécdotas como la de octubre de 1957. Cuando Elvis tocó en el Pan Pacific Auditorium de Los Ángeles, Sam Weisbord, el presidente de William Morris, solicitó veinticinco entradas de cortesía para sus ejecutivos. Parker, que ya de normal no daba acreditaciones y le asqueaba que le pidieran algo gratis cuando sabía que el solicitante podía permitírselo, les envió tres invitas y gracias. Y, además, nada de primeras filas VIP: a tomar por culo en las de atrás. Un desplante al gran jefe que solo te puedes permitir cuando tienes la paella por el mango y un cargamento de rencor que se mide por toneladas.

Y si en la agencia no paraba de hacer amigos, con los peces gordos de los estudios, otro tanto. La relación con Hazen y Wallis, especialmente a partir de que estos, con la connivencia de Hirshan, intentaran que Elvis hablara con el coguionista de *Loving You* —saltándose así la preceptiva norma de que toda comunicación debía pasar obligatoriamente por su filtro— había entrado en un punto de tensión muy cercano a la hostilidad. Además, estaba más que molesto por lo que le dijo Hazen tras visionar el primer corte de *Love Me Tender*, la primera película de Elvis para Twentieth Century Fox bajo la cláusula de préstamo. El comentario de Hazen, resumido, venía a decir que, como primera película de Elvis, *Love Me Tender* probablemente sería un gran éxito comercial. Pero, agregó, ni Wallis ni Paul Nathan, su productor asociado, estaban especialmente impresionados. De hecho, la habían considerado "una porquería".

En la Fox, Parker había apretado a base de bien a Buddy Adler, sucesor de Darryl Zanuck como máximo ejecutivo de la compañía, para ese primer proyecto. A través de Abe Lastfogel, en William Morris, el Coronel había aceptado veinticinco de los grandes para él, antes de exigir para Elvis nada menos que un millón de dólares, a sabiendas de que nadie cobraba esa cifra por entonces. En realidad, pretendía cien mil, pero si había que jugar fuerte mejor empezar con una apuesta delirante. Tras infinidad de llamadas, desplantes y regateos, consiguió los cien mil para Elvis y, de propina, la promesa escrita de una bonificación si la película recaudaba más de cinco millones de dólares. Fox, por su parte, se reservaba una opción para otras dos películas, *Flaming Star* y *Wild in the Country*, por 150.000 y 200.000 dólares respectivamente.

Volviendo a Hirshan, lo que éste nunca entendió fue que Parker se veía a sí mismo, y no a Elvis, como el cliente. Ergo, pasar por encima de él estaba fuera de cualquier consideración. Para ello insistió en sacarlo del tablero, consiguiendo que en el futuro fuera Lastfogel quien negociara los acuerdos cinematográficos en función de los términos que él estableciera. Siempre, por supuesto, con una serie de prebendas a su favor; las cuales, en aquella época, no tenían precedentes para el representante de una estrella. En *Love Me Tender*, por ejemplo, consiguió una oficina en el estudio, personal de secretaría, coche y chófer a su disposición.

Instalado como un reyezuelo en su nuevo feudo, con Tom Diskin, la secretaria Trude Forsher y Byron Raphael pululando por allí sin saber muy bien qué hacer aparte de escribir cuatro cartas y repartir salchichas a las estrellas, Parker solo tenía en mente burlarse de los jefes de los estudios. Sabía que le consideraban —le habían apodado, en realidad— el tonto del pueblo. Un gordinflas pomposo y chabacano que pasaba el día contaminando los sets de rodaje con su apestoso cigarro. Tampoco resulta muy extraña dicha reputación tras las negociaciones a distancia —en las que siempre había mostrado una insultante falta de tacto— y muy especialmente después del bromazo con que obsequió a Buddy Adler y Lou Schrieber, los dos capos del estudio, inmediatamente después de tomar posesión de su oficina en la Fox. Invitados a conocer al Coronel finalmente en persona, ambos ejecutivos se presentaron aquella mañana, Trude les recibió y, una vez dentro, mientras Diskin y Byron simulaban hablar por teléfono muy ocupados, les invitó a pasar a la —según rezaba un cartel sobre la puerta— Oficina del Coronel Parker en la Costa Oeste. Solo que la puerta era la del baño. Así que cuando Adler abrió, se encontró a Parker sentado en el inodoro con los pantalones bajados y al corpulento amigo de Elvis, Arthur Hooton, en la ducha con un bloc de notas y un taburete, presto a tomar dictado. Aunque no daban crédito, tanto Adler como Schrieber, flemáticos, trataron de aparentar que aquello era normal mientras el Coronel hablaba y hablaba sobre cómo pensaba promocionar la película. Finalmente, Parker los dejó marchar y la oficina entera estalló en carcajadas. La historia es de no creerla, cuando hablamos de gente que movía cientos de miles de dólares casi a diario, pero así era Parker. En un gesto de desagravio que traía aparejada similar cantidad de recochineo, al día siguiente llamó a la RCA y le pidió que enviara a ambos ejecutivos un televisor de gran tamaño. Por cortesía de Elvis y el Coronel.

Este tipo de gansadas podrían ser normales en un mundo de payasos y fenómenos de feria, pero desde luego no era lo más habitual en un negocio más bien conservador como el del cine, aunque paradójicamente le sirvieron para conseguir un extraño tipo de respeto, no muy distinto del que se dispensa a los locos en algunas tribus. Un respeto que supo utilizar a su favor en cuanto tuvo oportunidad, por supuesto. *Verbi gratia*: cuando comenzó el rodaje de *Love Me Tender* en agosto de 1956, Elvis se había mostrado visiblemente nervioso por enfrentarse a las cámaras, en serio, por primera vez, y Parker le pidió permiso al productor para estar presente en el set durante los rodajes, aduciendo que un rostro familiar podía ayudar a tranquilizarle. Primera e inocente petición que fue aprobada, claro, pero a la que no tardó en seguirle otra de más calado: recibir alguna mención en los créditos del film, algo tipo asesor técnico o cualquiera de esos cargos que el público nunca sabe a ciencia cierta qué puñetas significan. Adler, que tras el incidente del retrete lo único que quería era que aquel tipo no se enfadase, dio el visto bueno a la primera. Y con ello, sentó un precedente para que, en adelante, Parker apareciera en los créditos de todas las películas de Elvis.

Poco a poco, el Coronel iba ganando terreno. Exigió que se limitara el número de visitantes en el plató, daba igual si eran ejecutivos de renombre. Cualquier acceso a Elvis tenía que pasar por él primero, y quien convocaba a Elvis por la mañana era Trude, a instancia suya. Toda esta ansia de control puede parecer pura paranoia, delirios de un egomaníaco que veía enemigos por todas partes. Pero en realidad se trataba de un muy inteligente y cauteloso entramado por parte de alguien que conocía perfectamente cómo funcionaban las cosas en ese mundo. Como te despistaras medio segundo, ya te la habían clavado. Desde el primer instante de su relación con William Morris, Parker se dio cuenta de que se animaba a los agentes a cultivar relaciones personales sólidas con los clientes. Algo que podía entenderse por cordialidad profesional, pero que en realidad era una estrategia para mantener a la estrella en la agencia en caso de que esta acabara por no entenderse con su agente. Él sabía perfectamente que, de haber podido, le hubieran birlado a Elvis en el primer descuido. Por todo ello se cuidó muy mucho de que absolutamente nadie en Morris tuviera el número de teléfono personal de Elvis. Y en los sets de rodaje, pronto echó mano de la Memphis Mafia (el grupo/séquito de amigos y primos de Elvis que lo rodeaban a todas horas) para que se encargaran de que nadie —especialmente Hirshan— se quedara a solas con él ni dos segundos.

Evidentemente, de cara a Elvis ninguno de esos motivos se esgrimía ni por asomo. Con la confianza en el Coronel tan intacta como el primer día, le bastaban las explicaciones de éste alertándole sobre los judíos de Hollywood, a los que no había que dejar acercarse porque, como todo el mundo sabía, esa gente te chupa la sangre a la que te descuides. Más adelante, en aquellas ocasiones en que no había judíos con los que asustarle, Parker siguió ahuyentando a Elvis de los posibles asesores insinuando que eran homosexuales, que de normal no te chupan la sangre, pero otras cosas puede que sí. Y a Elvis esas cosas no le iban. Pero, aunque permaneciera aislado de los negocios, tanto por elección propia como por designio de su representante, Elvis no era tonto del todo. Y ciertas cosas empezaron a chirriarle. Cuando firmó su contrato de siete películas con Paramount, declaró a la prensa que no cantaría en las películas, porque quería una carrera larga y consistente en el cine. Según él, su papel en *Love Me Tender* era estrictamente dramático. La ilusión le duraría poco, al pobre. Parker, que pretendía que RCA capitalizara el éxito de la película sacando un álbum a final de año, tenía otros planes: tú juega a creerte Monty Clift, pero me vas a cantar también cuatro coplas que aquí hay que vender discos. La decepción dio paso, muy pronto, al enojo al darse cuenta de que lo habían engañado. Y la sospecha de que Parker no había jugado limpio, puede que se instalara en su cabeza por primera vez. Con la presión añadida de tener que aprender a actuar sobre la marcha, y teniendo que interpretar las canciones con músicos de sesión a los que no conocía, Elvis no estaba disfrutando demasiado del sueño hollywoodiense. Pero el Coronel se lo dejó muy claro: la única manera de sacar tajada de todo aquello, era hacer las cosas a su modo. Y Elvis, finalmente, cedió.

Mientras, el Coronel seguía con su pasatiempo favorito: apretarle las tuercas a los de la Fox. En un movimiento que, de nuevo, sentaría precedente en la carrera cinematográfica de Elvis, consiguió que las canciones grabadas para la banda sonora de la película se asignaran a Elvis Presley Music, la editorial creada a través de un acuerdo con los Aberbach, con la propiedad dividida en partes iguales entre el cantante y Hill & Range. En el plano estrictamente dramático, la filmación de *Love Me Tender* no fue precisamente un lecho de rosas. A pesar de que casi todo el equipo de la Fox quedó sorprendido por la seguridad interpretativa de Elvis, el plan de rodaje tenía un calendario abrupto e intermitente, ya que tenía apariciones personales que cumplir, y la oficina de Morris todavía pensaba que su carrera podría haber terminado para cuando se estrenara la película. Y como además Adler no paraba de quejarse de que se estaba excediendo el presupuesto, muchas veces se liquidaba el asunto en una sola toma. Parker, con la cabeza puesta en cualquier sitio menos en el aspecto artístico del asunto, aceptó la decisión de apresurar el debut cinematográfico de Elvis. Y con ello le regaló, de paso, la primera de una larga serie de decepciones en ese sentido.

De haber ocurrido las cosas de otro modo, ¿puede que Elvis hubiera tenido una sólida carrera en el séptimo arte? Nunca se sabrá, obviamente. Maneras y cierta intuición actoral se le aprecian, viéndole en pantalla, no hay duda. Pero los guiones que le endosaron y el tono general de las películas en las que intervino son tan mediocres, tan insustanciales, que por más que se esforzara aquello no había quien lo salvara. Vendría a ser como si cogieras a Jimmy Page y lo pones a grabar con la Orquesta Panorama. Ya podrá el hombre dar lo mejor de sí, que el resultado final será una pachanga sí o sí. Obviamente, esa ilusión frustrada al Coronel se la traía al pairo. Más cuando los números le dieron la razón de forma apabullante: *Love me Tender* recuperó su coste en menos de tres semanas. Además, el éxito de la película le ponía en una posición de fuerza inmejorable de cara a Wallis y Hazen, para que ajustaran el salario de Elvis en *Loving You* y, ya que estaba, el monto de su mordida. En resumen, no solo consiguió sacarles cincuenta de los grandes, a repartir a medias entre Elvis y él, sino que consiguió que se redactara un segundo contrato que incluiría su cooperación y por el que figuraría como asesor técnico.

Desde aquel momento, siempre que Parker pudiera justificar un acuerdo como una empresa conjunta en la que él y Elvis funcionaran como socios iguales más allá de la cantidad acordada contractualmente, el Coronel dividiría las ganancias al 50–50 desde el primer dólar.

Eran un equipo indivisible. Elvis y el Coronel. Una de las simbiosis más extrañas y a la vez, lucrativas, de toda la Historia.

Las primeras grietas en el búnker

Lo que Wallis tenía en mente para *Loving You*, era una película basada libremente en la vida de Elvis; ya saben, chico de pueblo majete pero cazurro, que asciende como un cohete hasta alcanzar la fama a nivel nacional. Y, desde luego, quería evitar los errores que la Fox cometió en *Love Me Tender*. Para ello se hizo con los servicios de un tipo experimentado como Hal Kanter en calidad de director y coguionista; Kanter, que a priori no era muy fan de Elvis que digamos, quedó prendado tras ver la prueba de cámara y, para conocer mejor el ambiente en el que se movía, viajó para reunirse con él en Memphis, en el 1034 de Audubon Drive, la casa que había comprado para sus padres con los royalties de «Heartbreak Hotel». Desde allí condujo hasta Shreveport, donde Elvis hizo su *show* de despedida en el *Louisiana Hayride*. Pero más allá de la reacción de las fans y de la histeria, la revelación de aquel día para Kanter fue ver a Parker pululando por el recinto ferial vendiendo fotos de Elvis, programas de recuerdo e incluso palitos de carne ahumada. En su ambiente, en su salsa. Tiempo después declararía que en ese momento pensó que el Coronel era todavía más interesante que su estrella. Tomaría buena nota de ello, además, para incorporar a la película un personaje, Jim Tallman, inspirado en él.

En la Paramount, la presencia de Elvis fue como si se hubiera aparecido Jesucristo en el Concilio Vaticano. Secretarias, ayudantes, operadores, hijos y esposas de los capos, todo quisque asomaba por allí tratando de conseguir una foto con el astro. Parker, por su parte, llegaba a su oficina del estudio (donde ya le esperaban Tom Diskin, Byron Raphael y Trude Forsher), soltaba su mantra circense —¡Abramos las carpas!— y se pasaba el día disfrutando de las atenciones de la aristocracia de Hollywood, de las docenas de oportunidades de negociar un nuevo trato aquí y allá y, por supuesto, de seguir pasándoselo en grande a costa de los gerifaltes. Como con lo de los muñecos de nieve, por ejemplo.

En junio de 1957, Parker incorporó a Wallis y Hazen a su *Snowmen's League of America, Ltd.*, una parodia de la *Showmen's League* del mundo ferial. Un club absolutamente ficticio del que él era Sumo Potentado y para el que se había inventado un carnet oficial de afiliado, una mascota y hasta un premio anual. El ingreso, según los estatutos, era gratuito; darse de baja, eso sí, costaba mil pavos. Otra broma de las suyas a la que, paradójicamente, todo el mundo —desde políticos a ejecutivos y periodistas— quería acceder, ya que permitía cierto acceso al entorno de Elvis. Visto en retrospectiva, la *Snowmen's League of America, Ltd.* puede considerarse el primer club de fans VIP de un artista, algo inaudito en su momento, pero que hoy día podemos considerar totalmente instaurado, como una más de las muchas estafas a las que la industria somete a los fans con vocación de esclavo sumiso. La posibilidad hoy, como miembro "especial" de estos clubs de fans, que te permite —privilegio de privilegios— gastarte la pasta en la entrada dos días antes que la chusma corriente. O el lujo de venderte un riñón para pasar cinco minutos en el camerino de cualquier estrellona avejentada e incontinente, del que sales con dos *selfies* de mierda y un olor a naftalina y a tocomocho del que no te desprendes en semanas. Vamos, que los charlatanes (promotoras y artistas, que aquí no se libra nadie) responsables de todo este circo repugnante que vivimos actualmente, el pan nuestro de cada día en tantas y tantas giras multitudinarias, no han inventado nada. Todo esto, Señores Grandes Promotores, ya se le ocurrió, hace casi setenta años, a un señor que —además y por lo menos— tenía mucha más gracia que ustedes. Por no ser, no son ni originales.

Pero divagamos. Volvamos al set de rodaje, donde un nuevo proyecto de Parker estaba germinando en su cabecita loca: un libro que contara la historia de su vida, provisionalmente titulado *How Much Does It Cost If It's Free?* (¿Cuánto cuesta si es gratis?), para el cual necesitaba un negro. Kanter parecía el hombre indicado, pero éste no andaba sobrado de tiempo ni de ganas, así que le sugirió que tal vez sería más indicado que tratara de conseguir una versión cinematográfica de su vida. Y aquí es donde Parker, encantado de la idea, le dijo que el actor ideal para interpretarlo en la pantalla sería Paul Newman. Kanter, que no sabía si realmente hablaba en serio o se estaba riendo de sí mismo, le contestó en broma que él estaba pensando más en W. C. Fields. Por la expresión y el color de su rostro, y por el hecho de que nunca más volvió a mencionarle el asunto, Kanter supo que sí, que aunque pareciera mentira, lo de Newman iba en serio. Una anécdota que ilustra hasta qué punto el Coronel, tan pragmático y pegado a la tierra en todo lo concerniente a los negocios, se volvía un completo insensato en cuanto entraba lo artístico en la ecuación. Por otra parte, el descontento de Parker con los de Morris no paraba de aumentar.

Recientemente, le habían sugerido crear una corporación que protegiera del fisco parte de sus ingresos, a lo que por supuesto se negó. Antes perder dinero que meter en el embolado a nadie que pudiera influir a Elvis en esos asuntos, y menos gente de Morris. Desconfiaba tanto de ellos que incluso llegó a declinar la oferta de un despacho propio en las oficinas de la agencia. La excusa, típica de él, era que le asignaban un cubículo muy lejos del servicio de hombres. La razón principal, que no se fiaba un pelo de oídos ajenos y posibles escuchas mientras negociaba. El recelo era tal que siempre le había dejado claro a Lastfogel que todos los cheques que se le debían a Elvis se enviarían directamente desde el estudio a su oficina en Memphis y se extenderían a nombre de All Star Shows, no a nombre de la agencia Morris. Como ya hemos visto que Elvis no se preocupaba en absoluto por esos asuntos, cuando Byron le entregaba su cheque semanal firmado por Parker, rara vez miraba el importe. Simplemente se lo guardaba en el bolsillo y más tarde se lo enviaba a su padre. Pero en lo referente al tema de Hacienda, Parker tenía la conciencia muy tranquila: ni él ni Elvis tenían un duro en paraísos fiscales, ni deducían nada que no fuera legítimo; Elvis, de hecho, llegó a ser el mayor contribuyente individual con ingresos directos del país. "Me encanta pagar impuestos", decía Parker. "Sé que cuando estoy pagando impuestos estoy ganando dinero".

¿Algo les huele mal? ¿Acaso no pueden creer que Tom Parker cumpliera sus obligaciones contributivas porque creía en el sistema y en el deber de todo ciudadano para con su agencia tributaria? Hacen bien en desconfiar. Y en preguntarse, como se preguntaba el departamento de contabilidad de Morris, por qué alguien tan apegado al vil metal no quería aprovechar las exenciones fiscales; tampoco se le conocían inversiones ni operación bursátil alguna. La razón es bastante sencilla. Primero, porque el mercado es volátil y difícil de controlar. Y si en los negocios había algo que no podía controlar, al Coronel no le gustaba. Y segundo, por lo de siempre. Por el pasado, por el miedo a que nadie encontrara la más mínima excusa para hurgar en él. Y al fisco, lo saben hasta las ratas, una de las cosas que más le gusta es fisgar en el pasado de la gente; así que mejor tenerlos contentos y declarar hasta el último centavo.

Por aquel entonces, aunque solo en privado, Elvis empezó a mostrarse más desafiante frente al Coronel. Los nervios y el estrés que acarrea la fama —una fama, además, la suya, fuera de todos los indicadores— le hacían sentirse a menudo aislado y siempre a punto de perder el control. Pero más allá de ese estado general de las cosas, numerosas casuísticas puntuales le estaban llevando cada vez más al límite: su madre, Gladys, había estado en el hospital para hacerse pruebas, pues andaba achacosa; además, Parker no aprobaba la nueva novia que se había echado, una cantante y bailarina de Las Vegas llamada Dottie Harmony. Y lo peor de todo, tenía al ejército llamando a su puerta; de hecho, ya se había hecho el examen físico previo al reclutamiento. Un tiempo después, durante la Pascua de 1957, cuando debería haber estado disfrutando de su nueva casa, una mansión llamada Graceland, Elvis le confesaría a su ministro, el reverendo James Hamill, que se sentía el joven más desdichado del mundo.

Pero antes, el día 23 de febrero, ocurrió algo muy sintomático: Elvis se enfrentaría al Coronel en público, por primera vez. Fue durante las sesiones para la banda sonora de *Loving You*, en el Radio Recorders en Hollywood. Aquel día tenía que grabar cinco temas, incluyendo «Castles in the Sand», una canción que Byron y Trude habían coescrito con la ayuda de un compositor profesional. Desde el principio, la sesión fue tensa. La banda de Elvis —Scotty Moore, Bill Black y D. J. Fontana— tuvo problemas con los requisitos de la grabación: veintinueve tomas para «Don't Leave Me Now» y veintidós para «I Beg of You». Y además Bill Bullock, uno de los capitostes de RCA, no paraba de tocar las pelotas para que se cambiaran un par de versos de «One Night». Durante una pausa, cuando Elvis salió a refrescarse las ideas, Jean Aberbach habló con Freddy Bienstock, el enlace del Rey en Hill & Range, para conseguir que Elvis grabara una canción infantil, «Here Comes Peter Cottontail», que creían que se vendería bien en Pascua. Bienstock no lo mandó a hacer puñetas de milagro, pero aun así Jean colocó la letra en el atril de Elvis. A su regreso, éste se quedó mirando el papel y soltó: "¿Quién ha traído aquí esta mierda?". El Coronel salió de la sala de control y trató de reconducir la situación pidiendo que se pusieran con «Castles in the Sand». Pero Elvis ya estaba ofuscado. Cantó los primeros cuatro versos y luego de repente se detuvo. "No voy a tocar esta maldita canción", dijo. "Odio decepcionar a Byron y Trude, pero no lo voy a hacer solo para contentar al Coronel". Y luego, sin venir a cuento, se puso a cantar «True Love», la melodía de Cole Porter que Bing Crosby había convertido en un gran éxito, para pasmo de todos los presentes. Aquello marcó un punto de inflexión. Nunca antes, ni una sola vez, se había atrevido Elvis a retar y oponerse al Coronel en público. Éste, que temía constantemente que le viniera a visitar otro infarto, mantuvo sus emociones bajo control y decidió tratarlo más tarde en privado. Pero a partir de ese momento, tomó medidas para asegurarse de que todo el material que recibiera Elvis viniera únicamente de los Aberbach y bajo su aprobación. Con una única excepción: «Are You Lonesome Tonight», una de las canciones favoritas de Marie.

Para la tercera película de Elvis, *Jailhouse Rock*, el Coronel ejerció la cláusula de película externa que tenía con Paramount y se pasó a la Metro, con un suculento acuerdo de 250.000 dólares más el cincuenta por ciento de las ganancias netas. Más allá de eso, se mantuvo en contacto constante con los Aberbach. Estos habían depositado nuevas esperanzas en la banda sonora, encargándoles a unos tales Jerry Leiber y Mike Stoller (dos jovenzuelos de Hill & Range que a sus veintipocos años ya eran compositores importantes en el mundo del R&B), la tarea de escribir cuatro canciones para el film. Una vez cumplido el encargo, Julian Aberbach le dijo a Leiber que recibiría un contrato del Coronel. Y lo recibió. Bueno, lo que recibió en realidad era un formulario de contrato totalmente en blanco y una nota que lo exhortaba a firmarlo y devolverlo al punto. Leiber, que no sabía que Elvis firmaba frecuentemente contratos en blanco por orden de Parker, llamó al Coronel para decirle que allí no había nada escrito. La respuesta, pura marca Parker, fue que no se preocupara, que lo rellenarían más adelante.

Pero a la primera grieta en el férreo sistema de control de Parker, escenificada con el desplante en Radio Recorders, empezaron a sumársele algunas otras. Scotty, Bill y DJ empezaban a estar hasta el moño. Currando por doscientos dólares a la semana, la promesa de que, a medida que Elvis se hiciera más famoso, su salario aumentaría, de momento era agua de borrajas. Los dos primeros dimitirían, aunque regresarían al cabo de poco pidiendo un aumento de cincuenta pavos a la semana y un salario fijo de 10.000 dólares. Parker empezó a comerle la oreja a Elvis para que se deshiciera de ellos, metiendo cizaña e insinuando que no eran del agrado de Sholes, aunque lo que ocurría en realidad es que los tres músicos eran de las poquísimas personas del entorno de Elvis —las únicas, prácticamente— que escapaban a su maníaca influencia. Elvis, entre dos fuegos, confesó a sus allegados que pensaba que el Coronel le estaba aconsejando mal en ciertos asuntos (en el fondo, ¿qué sabía ese cretino de música?) y que además parecía como si no quisiera que hablara con otras personas. Hombre, aleluya señor Presley, no iba usted a caballo camino de Damasco, pero la revelación puede considerarse parecida. La conversión, al menos por entero, nunca llegaría, pero ese es otro tema.

El descontento de Elvis llegó a oídos del Coronel (que para eso tenía otros tantos repartidos por doquier) y no tardó en convocar una reunión de urgencia tras la que montó uno de sus números dramáticos: si Elvis y los demás no estaban contentos con él, que lo dijeran allí mismo y les daría carta de libertad. Pero si elegían quedarse, las cosas se harían cómo él decía y punto pelota. Elvis, ya definitivamente atrapado entre el descontento y la dependencia, dio su brazo a torcer y volvió a jurarle lealtad eterna. La situación, no obstante, hizo mella en la hasta entonces inquebrantable confianza y seguridad de Parker. Empezó a mostrarse más cansado, nervioso y frustrado, un estado de ansiedad que combatía con la única arma que conocía: más control. Y, derivado de ello, más paranoia, más obsesiones. El orden, disciplina y pulcritud que exigía a los demás, dignas de un cuartel arrestado, se lo imponía a sí mismo con aumentada intensidad hasta acabar desarrollando lo que parecía un trastorno obsesivo compulsivo sin diagnosticar (o tal vez sí, recordemos el informe médico que lo licenció). Todos a su alrededor veían, desconcertados, como se sentaba en su escritorio y se pasaba el tiempo apilando y centrando montones de papeles sin un propósito aparente, o no entendían su manía de ducharse tres o cuatro veces al día, para después rociarse de pies a cabeza con colonia 4711. Una obsesión por los gérmenes que recuerda —aunque aquella más extrema— a la que dejó a Howard Hughes hecho una piltrafa y que, en el caso de Parker, le llevó a no beber otra cosa que agua de manantial de Mountain Valley.

Se ha especulado en diversas ocasiones que todos aquellos comportamientos —y otros, como una fase en la que su afición por el juego, hasta entonces comedida, empezó a descontrolarse— también podían responder a la cada vez más cercana cuenta atrás del servicio militar para Elvis (que no dejaba de ser, en cierto modo, otra amenaza en su progresiva pérdida de control). Desde principios de 1956, cuando Elvis cumplió veintiún años, era elegible para el reclutamiento, pero que fuera llamado a filas y cumpliera con el Tío Sam como cualquier otro pringado, a Parker —a priori— ni se le pasaba por la cabeza. Lo que se le pasaba, era encontrar un equilibrio entre dos opciones complementarias; es decir, que Elvis pudiera escaquearse de la instrucción y de los rigores del campo de entrenamiento y, al mismo tiempo, acabar la mili como un soldado modelo, sin ausencias ni deserciones ni, por supuesto, que lo licenciaran por majareta como uno que él sabía. Se trataba de que el sargento de hierro no le estropeara al chaval, pero que, de cara a los fans y a la opinión pública, Elvis apareciera como un patriota convencido orgulloso de servir a su país. Con esa idea en mente, en el verano de 1956 envió una serie de cartas nada menos que al Pentágono, solicitando que Elvis fuera asignado a Servicios Especiales. Traducción: saltarse todos los marrones y dedicarse a entretener al resto de reclutas.

CAPÍTULO 4

¡Armas al hombro!

La historia, no obstante, iría por derroteros distintos. Al hacerse público todo el asunto —Elvis se enteró por la prensa, tal como suena—, el Coronel le dijo que lo sentía; que había hecho todo lo posible, pero que debía volver a la junta de reclutamiento y decir que quería servir a su país como cualquier otro joven, sin trato preferencial de ningún tipo. ¿Había cambiado de idea Parker al respecto? Es muy probable que en un momento u otro hubiera visto aquello como una magnífica oportunidad para apaciguar a su cada vez más díscolo chavalín, y decidiera retirarse del acuerdo de Servicios Especiales. Temeroso de que acabara por subírsele a las barbas, posiblemente pensó que una temporadita de disciplina militar, entre tanques e imaginarias y además en un país como Alemania, cuyo clima —especialmente en invierno— no es exactamente el de Tennessee, le devolverían un cachorrito. O si no, al menos, a un ídolo cien por cien americano, con el deber patriótico cumplido y la pelvis menos disparada.

Elvis fue a recoger en persona su notificación de incorporación el 19 de diciembre. El acuerdo estaba cerrado: un período de servicio de dos años y, a petición suya y del director de Paramount Studio, Y. Frank Freeman, un aplazamiento de dos meses para permitirle rodar su segunda película para los estudios, *King Creole*. En el film, Hal Wallis le dio la oportunidad de convertirse en el actor dramático que anhelaba ser, primero poniéndolo a las órdenes de un director de renombre, Michael Curtiz, y además rodeándolo de un elenco de nivel junto a Carolyn Jones, Dean Jagger y Walter Matthau. Además, Elvis era consciente de que el rock'n'roll podía llegar a ser un estilo clásico tanto como declinar y desaparecer al igual que cualquier moda en la música popular, y dando lo mejor de sí mismo en *King Creole*, se guardaría un buen as en la manga por si cuando regresara en 1960, las cosas habían cambiado demasiado. Parker, por su parte, le aseguró poco antes de partir que, si en el ejército se portaba como un buen chico y no hacía nada que pudiera avergonzar a su país, él se comprometía a que regresara convertido en una estrella más grande que al irse.

Y así, con aquella promesa, en la mañana del 24 de marzo de 1958, el recluta Presley se presentó a la junta de reclutamiento de Memphis, acompañado por sus padres y su novia de entonces, Anita Wood. Y obviamente, del Coronel, que se lo pasaba teta charlando y bromeando con comandantes y coroneles y con los chicos de la prensa, y parecía estar más feliz que nunca. Elvis partió junto con sus compañeros hacia Fort Chaffee, Arkansas, donde se haría su famoso corte de pelo, y de ahí pasaría asignado a la Segunda División Blindada, estacionada en Fort Hood, Texas. Durante su primer permiso de dos semanas, condujo hasta Nashville para lo que sería su última sesión de grabación en estudio en dos años.

De vuelta en el cuartel, Elvis —que siempre había sufrido de trastornos del sueño y pesadillas— empezó a no llevar muy bien el estar lejos de casa. Por más que fuera una estrella ya a nivel internacional, podría decirse que el nido nunca lo había acabado de dejar: a nivel emocional seguía dependiendo tanto de su madre como de su clan, así como del terruño. Para pasar el mal trago, tuvo una brillante idea: pedirle un poco de ayuda química a su amigo Eddie Fadal, un ex DJ que le había abierto las puertas de su casa en Waco. Éste, que de su anterior trabajo se había llevado en la agenda el contacto de todos los matasanos de la ciudad, no tardó ni cinco minutos en conseguirle a Elvis pastillas de todos los colores. Básicamente, estimulantes para arrostrar la dura jornada y tranquilizantes para soñar con los angelitos.

Pero como las drogas no eran suficientes para paliar su nostalgia del hogar y de la familia, se trajo a esta a una casa de alquiler cerca de la base. No obstante, la salud de Gladys, ya muy delicada en los meses previos al alistamiento, fue empeorando cada vez más. El médico, sospechando que sufría hepatitis, le sugirió que regresara a casa de inmediato. El 8 de agosto, Gladys partía con destino a Memphis, donde moría seis días después con tan solo cuarenta y seis años. Para Elvis, fue devastador. Para Parker, un alivio. Gladys Presley y el Coronel nunca se llevaron bien, así que ahora Parker decidió forjar una nueva alianza con papá Vernon, que compartía con él no tanto su inteligencia —más bien la compartía con una musaraña—, como su irrefrenable ansia de dinero. Con Gladys fuera de la partida, el clan Presley iba a ser más fácil de controlar si cabe. Y lo que le convenía ahora es que viajaran con él a Alemania a consolar y cuidar de su nene. Porque lo que era él, tenía mucho trabajo en casa como para viajar al Viejo Continente. Una agenda repleta en la que sobresalía con letras de neón el 22 de septiembre, día del gran sarao en el muelle de Brooklyn para despedir al ídolo nacional.

Con la ayuda de Anne Fulchino, directora de publicidad de RCA, se aseguró de que la banda militar encargada de la fanfarria se olvidara del pesao de Sousa y se dedicara a tocar temas de Elvis. Y así llegó el gran día, con más de cien periodistas cubriendo el evento; poco después de que el tren con las tropas llegara a la terminal del ejército de Brooklyn, el soldado Presley salió bajo una lluvia de flashes, firmó autógrafos y finalmente se sentó en una mesa para responder preguntas. Tras la rueda de prensa y guiado por Parker a través de los fans, subió por la pasarela del *U.S.S.Randall.* Y bajó y volvió a subir y así hasta ocho veces, para que ningún fotógrafo se quedara sin su instantánea. Y mientras la banda atacaba una versión castrense de «Tutti Frutti», Elvis se asomó a la barandilla de cubierta, destapó una caja de zapatos y vació su contenido sobre la multitud: cientos de fotografías suyas, que los fans se afanaron en conseguir. Si hubiera tirado billetes de cien pavos, la gente no se hubiera puesto más nerviosa por conseguir el suyo.

Parker, en tierra, veía como su modus vivendi partía hacia Alemania. Hacia un país al que él no podía ir porque tenía, como hemos dicho, mucho trabajo. A un país, también, demasiado cercano a Holanda. Ese otro país en el que veintinueve años atrás una joven murió violentamente en la parte trasera de una frutería. Durante los dos años siguientes, Parker apenas tuvo contacto con Elvis. Unas pocas llamadas y ninguna carta fueron todo lo que recibió del rey del rock'n'roll mientras éste cumplía con su deber. O eso es lo que contaría años más tarde, como tantas veces mintiendo más que hablando. Porque lo cierto es que el Coronel le escribía casi a diario unas cartas más largas que un día sin pan, contándole de mil formas distintas todos los esfuerzos que hacía para que el nombre de Elvis se mantuviera en el candelero. Y eso sí era verdad. El tío no paraba. Y de todas las operaciones que llevó a cabo, una de las más lucrativas fue cerrar los acuerdos con Paramount y Twentieth Century Fox, cuyas cifras resultan mareantes. Además, se dedicó a enviar a Wallis sugerencias y borradores de guion para futuros proyectos.

Pero en lo que sí se mantuvo firme fue en pararle los pies a la compañía discográfica. RCA le había ofrecido llevar a Elvis a Nashville para tres días de grabación, y se había negado en redondo. Buscando una alternativa, Steve Sholes sugirió que la discográfica pagara el viaje de Parker a Alemania para supervisar una sesión allí. Ni hablar del peluquín. Que aprendieran a dosificar lo que tenían entre manos, espaciando los *singles* ya grabados y sacando recopilatorios, y se dejaran de viajes. Obviamente, aquella tajante negativa por parte de un tipo que en su vida había rechazado un viaje gratis a cualquier punto del país, levantó suspicacias —y no por primera vez— por los pasillos de RCA. Pudiera ser que algo oliera a podrido en lo que se refería a su ciudadanía; de hecho, se recordó en los despachos, la única vez que tenían constancia de que Parker hubiera cruzado la frontera fue en la época de Eddy Arnold, en una visita relámpago a México (y solo después de conseguir que lo acompañara un alguacil estadounidense). Y cuando le consiguió a Arnold dos fechas en Canadá, a última hora usó la del mal alumno y se quedó en su habitación poniendo el termómetro en la bombilla y diciendo que le dolía mucho la tripita.

Esa autoimpuesta imposibilidad de cruzar el charco le hizo trabajar a destajo desde casa, como hemos visto, pero también pasar un par de años regulares en cuanto a nervios. Vaya usted a saber de quién estaría recibiendo consejos su pupilo sin que él lo supiera. Y aun sabiéndolo, porque las reuniones privadas de Jean Aberbach y Freddy Bienstock con un Elvis de permiso en París, o la de Wallis en agosto de 1959, para comenzar a filmar en exteriores *G.I. Blues*, le hicieron la misma poca gracia. Pero obviamente, y más cuando dichos visitantes insistían en que los acompañara, lo único que podía hacer era fastidiarse. Para intentar solucionar aquellos supuestos problemas de pasaporte que todos intuían, su amigo Connie B. Gay entró en escena de nuevo; Gay, que había sido asesor de varios presidentes de los Estados Unidos y tenía conexiones hasta en el último rincón de la Administración, invitó a Parker a varias de sus celebérrimas barbacoas en su casa de Virginia, a la que asistían políticos de todo rango para urdir sus tejemanejes y ponerse como el quico. Parker, siempre sensible a cualquier posibilidad de medrar en lo referente a las conexiones con el poder, trabó amistad con uno de aquellos en concreto: el por entonces senador de Texas Lyndon Baines Johnson. Con su perspicacia habitual, intuyó que aquel tipo iba a llegar muy lejos, y cuando éste le ofreció su amistad y su ayuda en el futuro, tardó apenas quince días en aprovechar la oportunidad.

En agosto, él y Marie habían ido a Hawái de vacaciones; a priori, al menos. Porque su verdadera intención era interesarse por la creación de un monumento al *U.S.S. Arizona*, un acorazado en el que murieron más de mil tripulantes durante el ataque a Pearl Harbor. Así que primero se reunió con el presidente del Comité Memorial del Arizona, H. Tucker Grantz y le propuso a Elvis para un espectáculo benéfico en la inauguración. Conseguida la luz verde por parte de Grantz, Parker voló a Washington en septiembre de 1959 para una reunión en el Pentágono. Allí se reunió con E. J. Cottrell, el oficial de información del ejército que pronto volaría a Alemania para hablar con Elvis sobre el tema. Todo parecía ir tan sobre ruedas, que Wallis pensó en aprovechar esa buena relación de Parker con los oficiales para intentar que licenciaran a Elvis antes de lo que le tocaba. Y así, empezar cuanto antes con *G.I. Blues*. Y es posible que lo hubiera conseguido, pero Parker dijo que nanay. No quería que en el servicio militar de su chico constara un solo día de escaqueo, por más legal que pudiera ser. Una nueva negativa tanto por razones de imagen como, sobre todo, por ultimar sus planes antes del regreso de Elvis. Planes que incluían, aparte de lo del acorazado y de los acuerdos cinematográficos, un especial de televisión titulado *Frank Sinatra's Welcome Home Party for Elvis Presley*; un show de bienvenida en el que el viejo ojos azules recibiría a un Elvis recién licenciado, vestido de esmoquin. Una imagen limpia y pulcra para un nuevo público, menos hormonal y más conservador.

Con todo aquello ya cerrado, solo quedaba renegociar con RCA el tema de los royalties. Acuerdo que se cerró tan solo dos días antes de que Elvis aterrizara de vuelta, y por el cual cualquier banda sonora contaría para la cuota de Elvis de dos elepés y ocho sencillos por año. Además, Parker consiguió que se le concediera la aprobación para toda la publicidad y promoción, recibiendo 27.000 dólares anuales por proporcionar fotografías para las portadas de los discos y demás acciones promocionales, franqueo y materiales aparte. Este punto sentó especialmente mal en la compañía, pues Anne Fulchino sospechaba que Bill Bullock había dejado que Parker se colara en su oficina un fin de semana para llevarse todos sus archivos de fotografías y negativos. Es decir que, en otra audaz jugada, nuestro héroe le iba a cobrar a RCA por un material que, en realidad, era de su propiedad. ¿Y Elvis no tenía que firmar nada, ya que estamos? Evidentemente su consentimiento era necesario, pero como el valor en el soldado, se le presuponía. En términos generales, del acuerdo sacaba más tajada el Coronel que él, pero a estas alturas eso era lo de menos. En el fondo, Elvis siempre temió que Parker no sería capaz de mantener su nombre en los titulares durante los dos años que estaría fuera, pero a fe que lo había conseguido. Ahora, si se llevaba más parte del pastel, podía considerarse que se lo había ganado. Y, en cualquier caso, el pastel era tan enorme que daba de sobras tanto para Parker como para él y su padre. De nuevo, y pese a los desencuentros y las desconfianzas que pudieran surgir, el tándem Elvis y el Coronel se mostraba imbatible. Y con eso bastaba. El resto, detallitos.

Tercera parte

CAPÍTULO 1

Palmeras, romances y glucosa

El 3 de marzo de 1960, a primera hora de la mañana, un avión militar aterrizaba en Fort Dix. De él descendió un Elvis licenciado, cegado a flashes y con una pinta estupendísima, aunque dejando traslucir cierta fatiga. Después de haber pasado una noche flamenca en los brazos de una nueva novia, una tal Priscilla, para templar los nervios durante el vuelo de regreso había echado mano de lo que ya empezaba, más o menos en secreto, a convertirse en hábito: las pastillas. Mientras la banda tocaba «Auld Lang Syne», el Coronel lo condujo a una rueda de prensa donde dijo que lo único en lo que pensaba en aquel momento, era en ir a casa y descansar durante un tiempo. Al término de la misma, Wallis (que había acudido a recibir al héroe junto a Steve Sholes, Jean Aberbach y Nancy Sinatra), estaba hablando con el Coronel en un aparte, cuando éste percibió una grieta en su sistema de seguridad. Siempre alerta y también siempre ágil como un felino, pese a su paquidérmico tonelaje, en cuatro zancadas se plantó frente a un fotógrafo de la revista *Life* que pretendía retratar a Elvis para una foto de portada. Momentáneamente convertido en pantalla humana y extendiendo la mano, le dijo al reportero que o tenían preparado un cheque de 25.000 dólares, o tendrían que sacar en portada a Mickey Mouse. La constatación práctica, solo llegar, de que Elvis seguía estando en buenas manos.

En el séquito de aquel día también estaba un tal Robert Kotlowitz, un joven publicista de música clásica de RCA que había recibido el visto bueno para acompañar a Parker a Fort Dix. Cuando al cabo de dos días Elvis tomó un tren de camino a Memphis, Parker le pidió a Kotlowitz que lo acompañara, con una advertencia: bajo ninguna circunstancia debía decirle a nadie a qué hora se detendría ese tren en las distintas estaciones. De lo contrario, se verían inundados de periodistas y fans y el caos sería tremendo. Y nadie quería eso ¿verdad? Kotlowitz no tardó en comprobar, por primera vez y en sus propias carnes, el habitual doble juego del Coronel. Porque en cada pueblo en el que paraban, a la hora que fuera, había cientos y cientos de féminas a punto del soponcio atestando los andenes y parte de los alrededores. El publicista se dio cuenta de que Parker había avisado a todos los jefes de estación del trayecto con la misma consigna: "Elvis llegará a tal hora, sobre todo no se lo digan a la prensa". Más aún, Parker no solo había alertado a los medios confiando —y acertando— en la indiscreción del personal ferroviario, sino que, por otro lado, había encargado a su gente que llamara a los periodistas y los invitara a bordo del vagón, donde fueron testigos de un Elvis feliz, juguetón y dicharachero como pocas veces. Cuando el convoy finalmente llegó a Memphis, Kotlowitz estaba presto a despedirse y regresar a la Gran Manzana, pero Parker le pidió que se quedara. RCA estuvo de acuerdo, pues no les iba mal tener un representante de prensa cerca de Elvis; y por su parte, el publicista se había sentido parte de la familia desde que Parker lo despertaba en el tren, cada mañana, subiéndose a horcajadas sobre él y haciendo sonar un cencerro. Una de las varias, estrafalarias y maravillosas maneras del Coronel de decirte que estabas dentro. Al cabo de un par de meses, Kotlowitz fue invitado a unirse a Elvis y la Memphis Mafia en Las Vegas, para una temporada de asueto. Allí, al principio, Parker limitaba sus apuestas a cantidades pequeñas, pero pronto la fiebre del juego volvió a atraparlo. Ruleta, dados, apuestas aquí y allá y pequeñas fortunas que volaban. Una mezcla de ludopatía y ansia de codearse con los peces gordos de la ciudad que le llevó a pedir a Hershey Martin (junto a George Wood, contacto de Lastfogel ante la mafia) que le presentara a Jack Entratter, copropietario del Sands Hotel. Entratter contrataba solo a los artistas más top para el Copa Room, el exclusivo *night club* del hotel, con un sistema que era puro Vegas: de la cantidad especificada en el contrato, pagaba una parte directa al cliente, y la otra indirecta, en dinero destinado en exclusiva al juego.

En Estados Unidos, a principios de los sesenta, pocos sitios estaban más controlados por la mafia que Las Vegas. Y de todos los hoteles, casinos y clubs de Las Vegas, ninguno estaba más controlado por la mafia que el Sands. Que se convirtiera en el sitio de recreo favorito de Elvis había pues que aprovecharlo; y para ello, no cabía hablar con mindundis, sino con aquellos que trataban directamente con los capos. Entratter, de hecho, había sido gerente del club nocturno más popular (y mafioso) de Nueva York, el Copacabana, en los años cuarenta; de allí se llevó una amistad con Sinatra que floreció, más tarde, cuando el Rat Pack se instaló casi de forma perenne en el Sands. Pero pese a buscar el contacto de Entratter, el Coronel ponía mucho cuidado en evitar que Elvis saliera en fotos junto a ningún tipo sospechoso, por más alto que estuviera en el escalafón. Tratar con ellos formaría parte del negocio; de hecho, sería imprescindible para lograr según qué cosas. Y a Parker no le supuso problema alguno, ni práctico ni de conciencia, por supuesto. Pero negociar y entenderse discretamente con ellos en despachos, reservados y demás era una cosa y que se publicara una foto de Elvis sonriendo junto a cualquier hijo de puta fichado por los federales, otra muy distinta. Arrimarse públicamente a según quién, no era aconsejable y menos ahora que Elvis todavía cargaba el aura de buen soldadito, recién terminado el rodaje de G.I. Blues, la primera de varias películas en las que vestiría un uniforme militar. Y todavía menos cuando el Elvis que había regresado de Alemania, pese a los denodados esfuerzos del Coronel para venderlo como domesticado y apto para todos los públicos, resulta que era mucho más salvaje y libertino que cuando marchó. Del Viejo Continente se trajo escarceos sexuales para escribir una enciclopedia, y una cada vez más seria adicción a las pastillas. Ya no era un pipiolo haciendo el cabra y encandilando niñatas; como en tantos otros casos, la mili le había hecho más duro, más cínico y más disoluto. Como se solía decir antes, cuando uno regresaba de la mili enganchado al costo y con unas ladillas como langostas: se había hecho un hombre.

Un hombre, ahora, atrapado de nuevo en la maquinaria cinematográfica de Hollywood. Tras G.I. Blues vendría un cambio de estudio que, esperaba, trajera aparejado nuevos papeles que lo presentaran como el nuevo hombre que se sentía. Terminada la gira de promoción del film, apenas tuvo un mes de descanso antes de presentarse en la Fox en agosto para comenzar a trabajar en *Flaming Star*, un western que, desde producción, pretendía limitar los números musicales en favor del componente dramático. Pero si el productor David Weisbart no sabía dónde incluir las canciones sin que el guion se resintiera, y así lo explicó por activa y pasiva, lo que sí supo es que el Coronel no estaba por esas zarandajas. En un almuerzo entre ambos, Parker se lo explicó con una ecuación muy sencilla: las películas que hacía Elvis servían para promocionar los álbumes de la banda sonora, y el *single* de la banda sonora servía para promocionar la película. Más claro, agua. Que Weisbart y buena parte del equipo de la Fox —como otros antes que ellos— pensaran que Parker estaba más interesado en vender discos y en seguir haciendo pasta con las reposiciones de sus películas, que en construir una carrera cinematográfica para Elvis no solo era cierto, sino que además era incapaz de ver qué problema había en ello. Al final, únicamente dos de los cuatro números musicales quedaron en el montaje definitivo, para satisfacción de Elvis y menos satisfacción de Parker, que para el siguiente proyecto ya en ciernes —*Wild in the Country*— empezó a dar la matraca con que en la película debía aparecer un mínimo de cuatro canciones, y si podía ser, cinco o más.

Al igual que había hecho Don Siegel en *Flaming Star*, el director de *Wild in the Country*, Philip Dunne, elogió las dotes interpretativas y la naturalidad de Elvis frente a las cámaras; en realidad, como ya hemos visto, esa reacción fue casi unánime en todos los realizadores que lo tuvieron a sus órdenes. Reacciones que, si llegaban a los oídos de Parker, era como si oyera llover. Porque él era plenamente consciente de su propia incapacidad para juzgar tanto un buen guion como a un buen director, y era incapaz de discernir una buena actuación de una mediocre o incluso mala. Con lo cual, puede que el chaval tuviera talento como actor, vale, pero a él ¿qué demonios le importaba? Podía, haciendo un esfuerzo, imaginar a Elvis interpretando uno de esos rollos de Tennessee Williams. Claro que podía. Todo muy intenso y sureño y el público llorando y oh qué bien hace Elvis de cojo o de alcohólico o de homosexual reprimido o de todo a la vez. Pero también podía imaginar, con mayor claridad si cabe, la basura de dividendos que tal maniobra le iba a generar; resumiendo: *no soundtrack, no party*.

Con lo cual, quedémonos en lo seguro y si Elvis quiere hacer de actor serio, que monte funciones amateurs en casa cuando vuelva, para la Mafia. De hecho, durante el rodaje ya estaba negociando una nueva enmienda al contrato de Elvis con RCA, no hace falta decir que todavía más ventajoso de lo que ya era.

Con una recaudación de taquilla un tanto discreta, *Wild in the Country* sería su último papel más o menos serio, y la última vez que trabajaría con un director de cierto renombre. Como intuyéndolo, Elvis le preguntó a Dunne si podrían trabajar juntos nuevamente después de su próxima película para Paramount, *Blue Hawaii*. Pero éste, tras la experiencia y consciente de que lo que le esperaba al muchacho eran vehículos promocionales cada vez más inanes, se vio obligado a declinar la proposición. Elvis se incorporaría al rodaje de *Blue Hawaii* apenas dos días después del concierto benéfico por lo del *U.S.S. Arizona*, celebrado el 25 de marzo en el Bloch Arena de Pearl Harbor; su primer regreso real a los escenarios en más de tres años, si descontamos un par de conciertos también benéficos en Memphis, para calentar motores. Un *show*, el de Hawái, en el que Parker volvió a pasárselo en grande alternando con la plana mayor del ejército, repartiéndoles pequeños calendarios de bolsillo de Elvis como Santa reparte caramelos. *Blue Hawaii* seguiría el formato musical de *G.I. Blues*, cuyo éxito la había convertido en el modelo para todos los musicales de Wallis & Presley que le seguirían. Porque al contrario que el Coronel, Wallis sí sabía identificar un buen guion o una buena interpretación; pero ambos coincidían en que sin canciones, sin música, una peli de Elvis no iba a funcionar. En taquilla, se entiende. Al recuperar además su presupuesto en tiempo récord, *Blue Hawaii* arruinó definitivamente cualquier último intento de Elvis por salirse de la estructura ligera de los films a su nombre. Primera de las siete películas que rodaría a las órdenes de Norman Taurog, su remilgada combinación de exotismo y romance se revelaron fórmula ganadora.

Asumida su derrota en esa lid, Elvis no tuvo más remedio que plegarse ante lo exigente de su agenda en cuanto a rodajes. Durante su periodo militar, había estado entrenando su voz y se moría de ganas de volver a los escenarios y al estudio para algo que no fueran las puñeteras bandas sonoras, así como también ansiaba salir de gira, incluso (angelito) por Europa. No sería necesario decir que los planes de Parker no iban en esa dirección. En realidad, establecido en Hollywood como un virrey en su corte, su prisa por devolver a Elvis a las tablas era inexistente. Con que la gente le viera la jeta en pantalla, de momento ya iba bien. Pero si las cosas no podían irle mejor en— como suele decirse— lo profesional, en el ámbito personal había ciertos nubarrones que, desde finales del año anterior, amenazaban con derribar el frágil entramado de su mundo. En la primavera de 1960, una ama de casa holandesa llamada Nel Dankers–van Kuijk se encontraba hojeando una revista femenina, cuando se topó con una fotografía que la dejó estupefacta. En ella se veía a aquel cantante tan guapo y famoso, Elvis Presley, saludando a sus fans desde la puerta de un vagón de tren. Y detrás de él, un hombre corpulento que se parecía mucho a su hermano menor, Jan. Una sorpresa que se convirtió en casi un ataque cuando leyó en el pie de página el nombre de Tom Parker. ¿Parker? ¿No era ese el mismo nombre garabateado al pie de aquellas extrañas y escuetas cartas recibidas treinta años antes? Tras consultar primero con su hermano Ad y luego con el resto de la familia, todos estuvieron de acuerdo: ¡aquel tenía que ser su Dries! No cabía duda. Desde aquel momento, empezaron a escribir —entre incrédulos e ilusionados— en demanda de respuestas. De vuelta, lo único que recibieron fue unos cuantos artículos de *merchandising*.

CAPÍTULO 2

¿Es usted realmente mi tío?

Ante la falta de información, entró en escena el hijo de Ad, de diecinueve años, quien le remitió una misiva en un tono bastante emotivo, la cual podría resumirse en la pregunta que titula este capítulo. El Coronel decidió contestar, esta vez sí, con una carta de su puño y letra escrita en tercera persona. Una carta extraña, llena de sugerencias y evasivas, en la que explicaba a su sobrino que "el señor Parker" a buen seguro debía haber tenido muchas y muy poderosas razones para haberse ocultado de aquel modo durante mucho tiempo, al tiempo que aseguraba que también les había echado de menos y se mostraba muy preocupado por cierto suceso que no acababa de definir; un suceso que calificó de "errores que alguien puede haber cometido sin querer". En realidad, toda la misiva era un enorme subterfugio que no contaba nada pero que, en el fondo, revelaba cosas que solo él podía saber. Y al firmarla como Andre, estaba dándole veracidad de forma oficial.

Quince días después de recibir la carta, en un imprevisible giro de guion, Ad padre recibió asimismo la invitación de Parker para visitarle en Estados Unidos a gastos pagados. El viaje fue organizado a través de un matrimonio holandés que vivía en Hackensack, Nueva Jersey. Ellos se encargaron de recibirle y acogerle los once días que tardó Parker en dejar el rodaje de *Blue Hawaii* e ir a buscarlo para llevarlo a California. Pero a pesar de que estuvieron una semana juntos y Parker lo alojó en su propio apartamento en L.A., incluso a pesar de que llegó a llevarle a la casa alquilada de Elvis en Perugia Way y se lo presentó como su hermano, en ningún momento se reforzó un vínculo que, en realidad, jamás había existido. Quien esperara en este punto de la historia un reencuentro con abrazos y revelaciones y música de llorar, podía esperar sentado. Las historias que Ad le contó sobre sus hermanos y hermanas, él se las tomó como si le estuvieran leyendo el prospecto de un jarabe. Y mostrando de nuevo esa mezcla de prudencia y mezquindad que le caracterizaba, se negó a fotografiarse con él ni siquiera una vez. Ad, que no era tonto, pronto se dio cuenta de que aquel tipo que tenía delante sí que era su hermano, pero también era un hombre que no quería hablar de sí mismo en ningún tema mínimamente íntimo o personal. Por ello, cuando regresó a Breda, ante la avalancha de preguntas de la familia, ansiosa por tener por fin noticias de primera mano sobre su hermano, no pudo contar gran cosa que digamos.

Pero si la visita de su hermano y el fin del misterio respecto a su destino, al menos de cara a su familia, se habían solventado finalmente de forma seria y discreta, en marzo de 1963 apareció otro personaje que pedía entrada en escena con urgencia. Un personaje que se convertiría en una figura fundamental en la vida de Elvis (y, por consiguiente, de Parker) y que atendía por Priscilla Ann Beaulieu. Una chica pequeña, bonita sin resultar exuberante y con la cabeza a rebosar de chorradas y fantasías adolescentes que, tras robarle el corazón a Elvis en Alemania, ahora se mudaba a Memphis. Hijastra de un capitán de la fuerza aérea estadounidense destinado cerca de Friedberg, Priscilla conoció a Elvis y empezó a verse con él cada vez más a menudo durante su servicio, a pesar de mediar entre ellos un pequeño inconveniente: era encantadora, sí, pero tenía catorce años. Y eso, en muchos países —Alemania entre ellos— es un inconveniente que puede dar con tus huesos en el talego, por lo que nos aferraremos a la versión oficial y concluiremos que todo lo ocurrido allí fue muy bonito y muy dulce, pero sobre todo muy platónico.

Como ya habrán podido ustedes deducir, Parker sabía de la existencia de esa mocosa mucho antes de que decidiera venirse para Tennessee. Primero, por los informes de sus espías entre el séquito del Elvis recluta. Y segundo, porque Priscilla había salido fotografiada en *Life*, despidiéndose de Elvis con la mano en la base aérea de Rhine-Main, con un pie de foto que no dejaba muchas dudas al respecto: "La chica que dejó atrás". Recordemos que la última noche allí la había pasado con ella y que desde entonces no solo habían estado permanentemente en contacto, sino que ya la había traído varias veces a casa. Pero los amores a distancia, todo el mundo lo sabe, no suelen funcionar. Y menos si uno de los dos tortolitos tiene a media población mundial colada por sus huesos. Lo único que Elvis podía hacer, pues, era convencer al viejo Beaulieu para que permitiera a la niña de sus ojos instalarse en Memphis y que así su amor perseverara. Y para conseguir tal permiso se movió con habilidad, vendiéndole al capitán que Priscilla iba a vivir con Vernon y su nueva esposa, Dee, y a asistir en secundaria a la Inmaculada Concepción, un colegio de monjas que no dejaban pasar ni una. Y allí, estudiosa y ataviada con uno de esos castos uniformes que hacen las delicias de los pervertidos, esperaría paciente a cumplir la edad legal para contraer nupcias con su príncipe de lamé dorado.

Un acuerdo que duró dos telediarios, como no podía ser de otra forma. Priscilla se escabullía de una casa a otra constantemente, hasta acabar instalándose de facto en Graceland, donde compartía con su amado tanto la cama —sin pasar a mayores, decía, no se rían por favor— como una porción de su habitual menú de drogas.

¿Y cómo se tomó el Coronel esta situación? Pues de forma curiosa y un tanto ambivalente; por un lado, en seguida le tomó un cierto e insólito cariño a Priscilla (insólito en cuanto a que, por el resto de chicas que la precedieron, nunca sintió mucho aprecio que digamos), pero por otro lado le inquietaba —y cabreaba— la diferencia de edad entre ambos. Aquella Lolita tenía a su chico encoñadísimo, era evidente, y la cosa parecía más seria que en anteriores ocasiones, sí. Pero no hacía tanto que Jerry Lee Lewis había armado la de Dios es Cristo casándose con su prima, menor de edad, pegándole una considerable patada en los huevos a su carrera. Lo de Elvis y Priscilla no era tan peligroso, Parker lo sabía, pero también sabía que, de descubrirse, el escándalo sería de los gordos. Las cláusulas morales de los contratos, la opinión pública de los fans más conservadores, incluso una eventual demanda de paternidad, todo ello daba vueltas constantemente dentro de la cabezota del Coronel; la única opción era la prudencia y esperar al momento oportuno para sellar su relación en el altar, como mandan los cánones.

Empezó entonces otro tipo de relación a distancia, con Elvis en Hollywood haciendo pelis como churros y ella esperando y suspirando, lánguida cual damisela de caballerías, en la habitación dorada de su castillo en el Sur. Allí regresaba Elvis, entre película y película (o en descansos de las mismas) para amarla castamente una y otra vez, aunque también para darle sobradas muestras de un comportamiento progresivamente más errático. Propulsado por una dieta constante de estimulantes, depresores y somníferos, Elvis andaba medio lelo; el estrés por el ritmo de trabajo en California (de tres a cuatro rodajes al año) y la frustración por sentirse completamente encasillado en unos papeles mediocres y estereotipados, le estaban afectando seriamente. Por otro lado, la mayoría de *singles* extraídos de las bandas sonoras no funcionaban como se esperaba. A principios de la década, Elvis había tenido un número uno con «Good Luck Charm», y tanto «Can't Help Falling in Love» como «Return to Sender», ascendieron hasta el número dos. Sin embargo, ahora, ningún lanzamiento de Elvis podía considerarse una apuesta segura.

Y en RCA, la única que se salía del obediente rebaño en lo que se refiere al Coronel, era Anne Fulchino. Preocupada por la errática posición de sus discos en las listas, viajó para encontrarse con Elvis en la Paramount, a principios de 1963, para tratar de convencerle de que tomara las riendas de su carrera de algún modo. Allí se encontró a un chico triste y taciturno, que no escondía la vergüenza que le provocaba actuar en aquellas películas. Y sí, Elvis se daba cuenta de que necesitaba hacer cambios importantes en la dirección de su carrera musical y cinematográfica, e incluso le prometió a Fulchino que lo haría. Pero ella sabía que no sería así; que el dominio del Coronel era enorme y que Elvis seguía emocionalmente secuestrado por él. Puede que se riera de él a sus espaldas, haciendo bromas con sus amigos, pero frente a frente, su servilismo —su miedo, incluso— continuaba intacto. Al igual que su rabia, que ahogaba con silencio, represión y pastillas. Un ejemplo perfecto de los "malos consejos" del Coronel a los que no tuvo más remedio que plegarse, llegó en 1963 con *Viva Las Vegas*, para muchos el mejor film de Elvis tras volver de la mili. Dirigido por George Sidney, uno de esos artesanos con mucho oficio en la nómina de MGM, en él se encontró trabajando con una coprotagonista, Ann–Margret, que se reveló tan o más electrizante que él. Algo que, por supuesto, le motivó y encantó a partes iguales y que la Metro quiso utilizar para atraer a esa parte del público que no iba a ver solo "pelis de Elvis". En cambio, Parker no dejó de quejarse de que la actriz hacía demasiada sombra a su chico, y se dedicó a protestar y fastidiar sin descanso para revertir esa situación, limitando sus duetos al mínimo. Miope y obtuso como pocas veces, no vio ni las ventajas de aprovechar la química entre ambos, ni el efecto positivo que el film estaba teniendo en el ánimo de Elvis, en especial con la infalible y rejuvenecedora canción que lo titulaba. Y aunque un tiempo después *Viva Las Vegas* se convertiría en su película más taquillera, en el momento de su estreno lo único que le había importado al Coronel es que se habían pasado de presupuesto. Con lo cual, lejos de apreciar las bondades de un buen guion, director y compañeros de reparto, en adelante volvió a conseguirle a Elvis unas chuflas de tomo y lomo, dirigidas por esbirros de tercera y que cada vez hundían al pobre Elvis más y más en la miseria. Pero que, eso sí, constreñían el calendario de rodaje al mínimo y controlaban el presupuesto al centavo.

La mala leche de Elvis, normalmente bajo control en los rodajes (donde se comportaba con una intachable profesionalidad), encontraba una cierta válvula de escape en las sesiones en Radio Recorders; en un ambiente que sí era el suyo, el de los estudios de grabación, donde podía dar rienda suelta a su frustración mostrándose más sarcástico, cáustico incluso, y cabreado según el momento. Y obligado a grabar unas canciones igual de fofas y blandengues que los films a los que iban destinadas, los momentos de cabreo no escaseaban precisamente. Y en más de una y de dos ocasiones, con el Coronel como diana de los mismos. Al respecto, cuentan que, en cierta ocasión, ante la boñiga que le habían puesto delante para cantar, Elvis hizo un chiste sobre alguien famoso del negocio. Ante la carcajada general, se disculpó de inmediato con sorna diciendo: "no quería decir eso, chicos. El Coronel me ordenó que dijera siempre cosas agradables".

Llegados a este punto de nuestra historia, cabría hacer un inciso y preguntarnos si todas aquellas películas de tercera fueron tan perjudiciales para Elvis como muchas veces se nos ha hecho creer. Es evidente que para su amor propio y sus aspiraciones artísticas fueron una catástrofe, pero no es menos cierto que sin ellas, sin el enorme colchón económico que les proporcionaron a ambos, las cosas podrían haber sido muy distintas. Tantas veces se ha leído y escuchado eso de que Parker negó a Elvis un lugar significativo en la historia musical de los años sesenta, que ha acabado por parecer un mantra inamovible. Cuando lo más probable es que, de haber seguido trabajando en el ámbito estrictamente musical, aquella década de cambios, de invasión británica y psicodelia, de folk y canciones protesta, se lo hubiera llevado por delante, como les ocurrió a tantos otros grandes nombres de los años cincuenta. Si contamos con que la respuesta de RCA a los nuevos tiempos fue lenta y errática, a saber qué habrían hecho igualmente con Elvis; en cambio, refugiándolo en Hollywood y ganando fortunas rodando aquellas tonterías, el Coronel evitó que Elvis se viera arrastrado por el vendaval que estaba —momentáneamente— cambiando los tiempos. Le protegió, aunque fuera involuntariamente, de quedar al margen, de pasar de moda. Y así, cuando llegó el momento adecuado y el público estaba listo para verlo de nuevo sobre las tablas, Elvis estaba fresco —intacto— y dispuesto para ir a por todas. Sin ser consciente de ello en absoluto, las decisiones de Parker a principios y mediados de los años sesenta acabaron por regalarle al mundo la gran música de Elvis de finales de los sesenta y principios de los setenta. Un renacimiento artístico fruto, en esencia, de la codicia y el afán de lucro. Pero por muy inescrutables que fueran los caminos del Coronel Parker, los de Dios lo eran tanto o más, que por algo los había inventado: un día, a mediados de década, salió de casa y cayó antes de llegar a la acera, víctima de su tercer ataque cardíaco; a raíz de aquello, tuvo que empezar a usar bastón habitualmente, explicando a casi todo el mundo que lo usaba por problemas en su espalda. Y también se convenció de que no sobreviviría a un cuarto, así que únicamente quedaban dos opciones: o moderarse en sus hábitos, o lanzarse al carpe diem de cabeza. No creemos necesario aclarar cuál escogió.

En realidad, a Parker nunca le importó en absoluto estar gordo. Para él, su peso y tamaño eran como una extensión de su determinación y su voluntad, voluminosas en igual medida. Por indicación del médico trataba de mantener su peso bajo control, pero digamos que en ese aspecto —pulsiones ludópatas aparte— era en el único en que su voluntad flaqueaba más de lo debido. Con todos los contratos funcionando como un reloj, por aquel entonces Parker concentraba todos sus esfuerzos básicamente en divertirse. Cuando recibió una llamada de un promotor sobre la posibilidad de llevar a Elvis de gira, le dijo que éste estaba atado durante los próximos tres años y medio, pero que estaría encantado de alquilarle su famoso traje de lamé dorado para el fin de semana, por tan solo cinco de los grandes. Aunque faltaban décadas para que el término fuera acuñado y popularizado, el Coronel siempre se lo pasó en grande troleando a cualquiera que se pusiera a tiro. La mayor parte del día lo pasaba en sus oficinas de la Paramount y de la MGM, charlando con sus nuevos subalternos: Jim O'Brien, su secretario privado, prestado por Hill & Range; Irv Schecter y John Hartmann, proporcionados por la oficina de William Morris; y Grelun Landon, cortesía de RCA. Pronto también se uniría al equipo Gabe Tucker. Y si no estaba haciendo el ganso por los estudios, se trasladaba por temporadas a Palm Springs, donde podía vigilar —y sí, también trolear— a su vecino, Hal Wallis. Su relación seguía siendo cordial, aunque como siempre, salpicada de cierta tensión. Wallis había conseguido que el Coronel leyera el guion (posiblemente la primera vez en su vida que leía uno) para *Roustabout*, una película con temática circense, que Wallis produjo —en parte— en homenaje al pasado de Parker. Pero cuando mandó al guionista Allan Weiss a Palm Springs para que entrevistara a Parker sobre su pasado y así documentarse para algunas escenas, el muy cabrito le mandó una factura por el tiempo invertido con Weiss. A esas alturas, no obstante, esas cosas Wallis se las tomaba con filosofía, casi como algo normal. Pero pese a mantener, cara al exterior, la actitud desenfadada y bromista de siempre, Parker empezaba a sufrir estados de ánimo cada vez más negativos. Su corazón le hacía sentir cierta espada de Damocles sobre la cabeza, y el lento pero imparable distanciamiento de Elvis tampoco ayudaba. Pero, ahora, quien le preocupaba en serio era Marie, cuya salud empezaba a flaquear.

Ella se quejaba, en privado, de que vivir con su marido no era fácil (y a fe que no debía serlo), que el estrés y los nervios le afectaban cada vez más, pero él sospechaba que era algo más que eso, creía que su cabeza empezaba a fallar en algunas ocasiones. Y como además la artritis le estaba pegando fuerte, no se atrevía a dejarla sola mucho tiempo y trataba siempre de que alguno de sus empleados estuviera con ella para ayudarla.

¿Tú también ves a Stalin en esa nube?

En 1964 entraría en escena un personaje que se convertiría en uno de los miembros de la Memphis Mafia y en, tal vez, el mejor amigo de Elvis a partir de entonces: Larry Geller. La carrera de Geller había comenzado cuando unió fuerzas con el famoso peluquero Jay Sebring (una de las víctimas de la familia Manson años más tarde, en los famosos asesinatos de Cielo Drive) y abrió el primer salón de peluquería para hombres en Estados Unidos, en 1959.

Elvis y él se conocieron en la época en que estaba rodando *Roustabout*, y el Rey cayó rendido ante la dedicación de Geller a los estudios espirituales y a lo metafísico. Con una crisis de personalidad galopante, sintiéndose un títere sin voluntad propia, las enseñanzas del peluquero gurú calarían profundamente en él, quien lo tomó casi de inmediato como maestro personal en el estudio de las religiones orientales y el camino espiritual y todas esas mandangas a las que en los sesenta se apuntó hasta el último mono. Obviamente, desde Parker y Priscilla, hasta el séquito por completo, lo contemplaron siempre con cierto recelo; su influencia era tan notoria, tan evidente, que suponía una amenaza.

Sin embargo, hacia finales de 1964, Parker estaba más ocupado en los contratos con United Artists y MGM que en si Elvis se hacía budista. Con su habitual tesón, no cejó hasta cerrar un acuerdo con los primeros por dos películas, a 650.000 dólares cada una, y otro por tres con la Metro, la primera por nada menos que un millón. A base de esfuerzo, de dejarse los cuernos y pelearse hasta con su sombra, había conseguido finalmente convertir a Elvis en el actor mejor pagado de Hollywood. Pero este, por su parte, no parecía especialmente contento al respecto. Muy posiblemente a causa de su relación con el tijeritas, Elvis había elegido ese momento para ponerse más chulo que nunca hasta entonces. A finales de febrero de 1965, Elvis fue a Nashville para grabar la banda sonora de *Harum Scarum*, la primera de las tres películas de MGM. Por primera vez en un estudio desde ocho meses atrás, las cosas no pararon de torcerse, en especial porque se negaba a cantar muchas letras que consideraba ñoñas y estúpidas. Sin ninguna prisa por volver a California, Elvis ocupaba el tiempo fuera del estudio quemando incienso con Geller. Parker ocupaba el suyo subiéndose por las paredes. El estudio lo acosaba y las palabras "incumplimiento de contrato" se empezaron a escuchar más de lo deseable. Marty Lacker, el nuevo hombre fuerte en la Memphis Mafia, se limitó a comunicarle al Coronel que Elvis no estaba listo para volver todavía. Finalmente, Parker recurrió a lo que mejor dominaba en esta vida: las artimañas. Haciéndose pasar por enfermo, hizo que Marie llamara a la RCA en Nueva York para que estos le hicieran llegar las "malas noticias" a la MGM y a Gabe Tucker. Este, temiendo que Parker hubiera sufrido otro infarto, tomó el primer avión para encontrarse al Coronel más chulo que un ocho. Tras sofocar su lógico cabreo, acabó por entender que las cosas no iban nada bien. Y aunque por un lado se alegraba de que Elvis los hubiera puesto por una vez encima de la mesa, por otro no podía dejar de pensar en que el Coronel simplemente echaba en falta poco más que un simple cumplido. Como el perro que ha hecho todas sus gracias y se queda tristón al no recibir ni una carantoña de su amo, Parker acababa de cerrar un trato único en la vida para un cliente al que ni siquiera le importaba. Un cliente que era posible, incluso, que se le estuviera escapando de las manos.

Elvis daría la pataleta por terminada en marzo. Y cuenta la leyenda —bueno, lo contaba Geller que para el caso es lo mismo— que, conduciendo de vuelta y separándose su vehículo del resto de la caravana durante la noche, acabaron ambos acercándose a los famosos picos de San Francisco, en la tierra de los indios Hopi. Y allí, en pleno trance ascético, Elvis miró hacia el cielo y le dijo —no se lo pierdan— que estaba viendo a Joseph Stalin en una nube. No a Ghandi o a Buda o al Dalai Lama, qué va. ¡Al puto Stalin! Geller le dijo que él también lo veía, qué iba a decir el colega, tras lo cual Elvis detuvo el coche, saltó hacia el desierto y echó a correr. Y, de nuevo, según el santón estilista, al alcanzarlo resulta que Elvis había tenido una epifanía de las gordas, estaba llorando y parece que se había entregado a Dios pero que Dios estaba en todas las cosas y dentro de uno mismo y blablablá y, ojo que viene lo mejor, finalmente ¡el rostro de Stalin se había convertido en el rostro de Cristo! Como lo oyen amigos, tal cual. Del genocida soviético al hijo de Dios en un par de parpadeos. ¡Aleluya, *tovarich*!

De vuelta en California, todavía afectado por lo intenso de la experiencia, Elvis le dijo a Geller que, de volver a hacer pelis para adolescentes, naranjas de la China. Lógico, si lo pensamos. ¿O acaso después de ver a Stalin en una nube seguirían ustedes con sus vidas como si tal cosa? No, ¿verdad? Lo lógico sería pedir ayuda profesional, o dejar la química por un tiempo. Elvis no tiró por ahí, en cualquier caso, sino que le pidió a su amiguete que le encontrara un monasterio al que retirarse y meditar muy fuerte. Geller podía ser un charlatán de categoría, pero tonto no era, con lo cual le entró la cagalera al instante. En cuanto Parker se enterase de eso del monasterio —y se enteraría seguro—, lo iba a facturar ipso facto de vuelta a la pelu, no sin antes embrearlo y emplumarlo. Con el instinto de autoconservación que caracteriza a todos los parásitos de la naturaleza, le quitó la idea de la cabeza a Elvis, dorándole la píldora y convenciéndole de que era más útil que usara su nueva visión de las cosas dentro del mundo del espectáculo, donde era el número uno y donde podría llegar a millones de personas. Pero en la casa de Perugia Way el nivel de alerta estaba ya en Defcon 2, a punto de pasar al 1 en cuanto Parker supiera de la participación de Elvis en un movimiento ecuménico llamado *Self–Realization Fellowship*, con sede en Pasadena y dirigido por una tal Sri Daya Mata. Vamos, que entre el pelucas y los monjes de carnaval esos, lo tenían contento al Coronel. Y lo peor es que, como era previsible, cuando poco después habló con Elvis en privado y le advirtió sobre esa extraña y perniciosa "fase religiosa" que estaba atravesando, éste montó en cólera y estuvo de morros durante días.

En cuanto al comportamiento en taquilla de sus últimas producciones (*Harum Scarum, Paradise, Hawaiian Style* o *Easy Come, Easy Go*), las cosas no iban demasiado bien. Las "películas de Elvis" —progresivamente más y más cutres, si eso es posible— habían saturado el mercado de tal modo que empezaban a ser deficitarias, algunas de ellas estrenándose directamente en autocines. Además de que la fórmula se estaba agotando desde hacía tiempo: Elvis de machote con profesión guay, acompañado de un amigote torpe y mujeriego y por en medio romances de anuncio de colonia y canciones capaces de hacer vomitar de asco a un unicornio. Y si en el celuloide la cosa estaba mal, en el terreno discográfico tampoco iba mucho mejor. En 1966, la RCA estaba más que inquieta por la caída de ventas. Los gustos musicales, como los tiempos, estaban cambiando, y un disco que antes podría haber tenido un pedido permanente de dos millones de copias ahora se reducía a la mitad; en consecuencia, no tardarían en reducir a su vez el anticipo garantizado de Elvis. Ante este panorama, cualquier otro se hubiera visto superado, pero el Coronel ya tenía un plan completamente trazado para retener a Elvis y relanzar su carrera a lo grande. Y lo primero era pararle los pies a Geller. Para ello le invitó a él y su familia a pasar el día en su casa de Palm Springs; y mientras disfrutaban del encuentro y totalmente por azar, por supuesto, unos chorizos entraban en la casa del peluquero en L.A. y se llevaban todos sus archivos sobre parapsicología, astrología, quiromancia y demás abracadabras, dejándole además el salón hasta arriba de basura. Llegar a casa, ver el desastre, entender el mensaje y adquirir de inmediato un perfil bajísimo, fue todo uno. Con Geller calmadito, Parker pasó a la segunda y más ambiciosa parte de su plan: casar a Elvis.

Aquel año Priscilla cumplía veintiún años y su padrastro, recién ascendido a teniente coronel, seguía teniendo muy presente la promesa de Elvis de convertirla en su esposa. Tanto, que en los últimos meses ya iban varias llamaditas al respecto, a ver qué pasaba con el tema. Parker sabía que no podrían darle largas *ad infinitum*; aparte de que, si la promesa se incumplía y ella, despechada, acudía a la prensa, los titulares iban a ser atómicos. Si contamos además que Elvis estaba tonteando por ahí con Ann–Margret, sin esconderse para nada, lo de Priscilla era una bomba de relojería que había que desactivar cuanto antes. Y la única solución era pasar por la vicaría. Justo antes de Navidad, Elvis le propuso matrimonio a Priscilla. La fecha, para el año siguiente, se dejó momentáneamente en el aire. A Ann–Margret sencillamente dejó de contestarle las llamadas, y ella captó la indirecta. Es posible que Elvis sintiera un sincero afecto por Priscilla a esas alturas, incluso que estuviera enamorado de ella en cierto modo, pero el compromiso no le trajo ninguna paz de espíritu. Andaba depre y desconcentrado y combatía sus estados de ánimo negativos zampando como un gorrino. De hecho, cuando se presentó a las pruebas de vestuario para *Clambake*, en marzo de 1967, en el estudio quedaron impactados al ver su nuevo aspecto, que había pasado de sus habituales setenta y siete kilos a casi noventa.

Las películas le deprimían, el ritmo lo agotaba (*Clambake* era su vigésimo quinto rodaje, que se dice pronto) y lo único que encontraba para superarlo era la comida basura. Parker estaba furioso, como es lógico. Si el ídolo de América se convertía en un barrilete, aquello podía ser catastrófico. Con un gordo en el equipo había suficiente. Conminado a perder peso, Elvis tiró por lo más fácil (a priori), a base de pastillas para adelgazar. Lo que, sumado al resto de farmacia que se metía a diario, empezó a causarle mareos. Una noche, en su nueva casa de alquiler en *Rocca Place*, en Bel Air, se levantó para ir al baño, tropezó con un cable de televisión y se pegó un costalazo de aúpa. A la mañana siguiente tenía un chichón en la frente como un huevo y andaba medio lelo. Diagnóstico: una leve conmoción cerebral. Tras abroncar al séquito y gritarle a Geller que se llevara sus panfletos de allí, Parker pilló a Elvis por banda y le dio un ultimátum. De ahí en adelante iba a escuchar y a obedecer como un corderito. De lo contrario, él se largaba y habría que atenerse a las consecuencias. Y, dicho sea de paso, por todo el trabajo extra a partir de entonces quería el cincuenta por ciento de su contrato. Lo tomas o lo dejas. Elvis lo tomó. Parker preparó un nuevo acuerdo, retrotrayéndolo al 1 de enero. Al establecer los términos de la empresa conjunta, estipuló que seguiría cobrando una comisión del veinticinco por ciento sobre los salarios estándar de las películas de Elvis y los anticipos de la compañía discográfica, pero All Star Shows ahora percibiría la mitad de las ganancias y/o royalties más allá de los pagos básicos de los contratos tanto de la película como del disco, incluidos los acuerdos especiales o secundarios. La comisión se deduciría antes de cualquier división de royalties y ganancias. Aclarados los términos contractuales, la posición de poder del Coronel requería algunos otros ajustes. Para ello, cuando unos días después del batacazo Elvis recuperó fuerzas, convocó una reunión de toda la plana mayor —incluyendo a Priscilla y Vernon, que viajaron desde Memphis— en Rocca Place. Y allí puso los puntos sobre las íes, sin derecho a réplica. Desde aquel momento, el único capataz en el rancho iba a ser Joe Esposito. De religión no quería oír ni una palabra y Geller quedaba incapacitado para estar a solas con Elvis ni dos minutos. Y, además, había demasiada gente allí cobrando demasiada pasta. Se iban a ajustar los sueldos y más de uno ya podía ir pensando en apuntarse al paro. Finalmente, el único que se iría a la calle —voluntariamente— sería Geller, castradas sus posibilidades de seguir comiéndole la cabeza al jefe. ¿Y el jefe, qué? Pues el jefe, nada. Nadie de su entorno había visto nunca a Elvis tan dócil, tan callado, tan aquiescente.

Finalmente, el 1 de mayo de 1967, a las diez menos veinte de la mañana, Elvis y Priscilla contrajeron nupcias en una ceremonia sorpresa celebrada en la suite de Milton Prell del nuevo hotel Aladdin de Las Vegas. El juez de la Corte Suprema de Nevada, David Zenoff, encargado de oficiar el enlace, recordaba tiempo después que ambos contrayentes estaban más nerviosos que un flan. Parker, por su parte, estaba encantado de la vida: ambos le habían dado carta blanca en la mayoría de aspectos, desde la elección del juez hasta la compra de los anillos, pasando por la elección de los invitados, restringidos a catorce. La exclusión de la Memphis Mafia en la ceremonia (sí se la invitó al convite) fue una puñalada del Coronel cuya herida quedó infectada y supurante durante años. Y no fue la única. Nuestro peluquero favorito, a quien en los momentos de más devoción Elvis le había dicho si querría ser su padrino el día que se casara, se enteró de la boda por el periódico. Seguro que el Coronel hubiera pagado una buena suma de dinero por verle la jeta cuando leyó los titulares. Sea como sea, el matrimonio de Elvis y Priscilla ya era una realidad y, para consumarlo (oficialmente, ejem) y comenzar su luna de miel, la feliz parejita voló a Palm Springs en el jet privado de Frank Sinatra.

CAPÍTULO 4

¡Elvis ha vuelto!

En octubre, el Coronel se reunió con Tom Sarnoff, vicepresidente de la división de la Costa Oeste de la NBC. Volvió a reunirse, sería más correcto, pues un par de años antes y prácticamente en secreto, ya había establecido varios contactos con él. La idea, por entonces en ciernes, era hacer una película de Elvis para televisión y tras emitirla, conseguir los derechos para estrenarla en cines. Las negociaciones fueron de todo menos fáciles y el proyecto parecía haberse estancado un tiempo. Hasta ahora. Las nuevas conversaciones dieron su fruto, cerrando un acuerdo que incluía la primera aparición televisiva de Elvis desde el especial de Frank Sinatra de 1960. Tres meses después, acordaron un precio: 250.000 dólares por un especial musical y 850.000 dólares por una película más el cincuenta por ciento de las ganancias. La película, *Change of Habit*, una producción de Universal Pictures y NBC, emparejaría a Elvis con Mary Tyler Moore. Pero primero, y buscando sacar a Elvis de su apatía y depresión, le conseguiría un papel en *Charro!*, una especie de spaghetti western a la estela del éxito de Leone, en el cual y por primera vez, Elvis no cantaba un solo tema. Tras contentarle un tanto con ello y para seguir subiéndole el ánimo, el proyectado musical televisado permitiría a Elvis encontrarse de nuevo, frente a frente con sus fans en lo que habría de ser su primera actuación completa desde el concierto del *U.S.S. Arizona*. Se grabaría en junio de 1968 y se proyectaba emitirlo en diciembre, coincidiendo con la temporada navideña. Sarnoff, consciente de que Parker iba a ser un estorbo constante a menos que lo distrajera adecuadamente, incorporó al proyecto a Bob Finkel, uno de los cuatro productores ejecutivos bajo contrato de la NBC. Una maniobra que pretendía tanto aprovechar la experiencia y talento de Finkel, como hacerle actuar de contrapeso frente a Parker y mantenerlo lo más apartado posible del programa. Se equivocaba. Parker tardó entre poco y nada en convertir a Finkel en uno de los suyos. Buscando a alguien con quien Elvis se identificase y en quien confiara, alguien que hiciera de pantalla entre el cantante y su mánager, finalmente invitó a bordo a dos jovenzuelos de lo más prometedor: Steve Binder y Bones Howe.

Binder era un productor y director de veintiún años con un gran instinto para el rock y su socio, Howe, era una especie de mago del sonido que ya conocía a Elvis tras haber trabajado en varias sesiones suyas en Radio Recorders, como asistente del ingeniero. Howe recordaba perfectamente cómo era Elvis antes de que Hollywood ahogara su ambición, así que Binder/Howe Productions decidieron que la única manera de que el especial funcionara era creando la misma atmósfera relajada en la que Elvis grabó sus primeros discos. Y para involucrarse definitivamente, pedían libertad para capturar el fenómeno Elvis en toda su magnitud, captar una personalidad única. Finkel, obviamente, estuvo más que de acuerdo.

En la siguiente reunión sobre el proyecto, celebrada en mayo, Finkel abordó el tema de ampliar el original tema navideño para incorporar material de todas las etapas de su carrera. Parker estuvo de acuerdo, siempre que la canción que cerrara el programa fuera un villancico y que Elvis controlara la publicación musical durante todo el proceso.

Finkel se reunió entonces con un Elvis que estaba más que encantado ante el panorama. Quería que el especial lo reflejara como lo que realmente era; quería volver a mostrar al mundo de lo que era capaz y, con ello, borrar su imagen cinematográfica de los últimos años. Todo parecía ir sobre ruedas, pero cuando Parker invitó a Binder y Howe a desayunar con él en su oficina de la MGM, ambos lo calaron a la primera. Ellos formaban parte de una nueva generación, y el Coronel estaba anquilosado en ciertas fórmulas que, a punto de terminar la década, estaban ya caducas. Eran dos hombres del Renacimiento tratando de conectar con un australopithecus, dándose cuenta de que —aun teniendo que tratar con él en ciertos aspectos— era fundamental concertar una reunión personal con Elvis antes de comprometerse con el proyecto. Temerosos de que del Elvis duro y sicalíptico de los cincuenta no quedara ni la sombra, querían averiguar hasta qué punto podían crear un vehículo que lo rejuveneciera, recuperar aquella esencia primigenia. Sus dudas empezaron a disiparse en cuanto lo vieron aparecer en su oficina de Sunset Boulevard: su presencia seguía desprendiendo un carisma y un magnetismo fuera de lo común. Pero más allá de la primera impresión, en cuanto empezaron a charlar la conexión fue inmediata; rieron y bromearon hasta que, tan distendido fue el ambiente, Elvis se sinceró en algunos puntos. El más relevante, sus no demasiado ilusionantes experiencias televisivas anteriores. Binder trató de animarlo, diciéndole que hiciera un disco y que de las imágenes y todo el resto se encargaría él. Pero en el fondo sabía que Elvis estaba, en aquel momento, con pie y medio fuera del negocio. Para la nueva generación, Elvis era el tío aquel de las pelis; una reliquia del pasado que no había metido un disco en lo alto de las listas durante más de un lustro. El compañero troglodita del primate que le hacía de mánager. Más agraciado, eso sí, pero igual de antediluviano.

La pócima mágica, pues, debía constar de un ingrediente básico: honestidad. En sus conversaciones con Elvis, Binder se dio cuenta de que debía respetar al Coronel porque, pese a todo, Elvis seguía considerándolo un segundo padre. También se dio cuenta de que Elvis llevaba años tratando de mostrar su verdadero yo, de reivindicarse; y de que para ello estaba pensando de la manera correcta, tratando de conectar con los tiempos que vivía y, a la vez, mirando hacia el futuro. De aquellas reuniones surgió la convicción de que el especial que iban a preparar iba a ser mucho más que un simple programa de televisión. Sería el momento de la verdad, la ocasión de que todo el mundo viera que Elvis no se había ido, sino que simplemente se había echado a un lado. Y que ahora volvía con más fuerza que nunca. Comprometido a su vez, Elvis se fue a Hawái para ponerse en forma y relajarse durante unas semanas con su esposa y Lisa Marie, su hija recién nacida. Con la promesa de Binder, en el equipaje, de que en su ausencia ellos construirían un proyecto ganador.

El guion del espectáculo se basaría libremente en *The Blue Bird*, una obra clásica de teatro de principios de siglo en la que un joven abandona su hogar en busca de la felicidad, para finalmente regresar y descubrir que la tenía allí mismo. La idea contó con el beneplácito del representante de Singer, la famosa compañía de máquinas de coser que patrocinaría el *show* en exclusiva. De igual manera, el icónico traje de cuero negro del diseñador de vestuario Bill Belew fue aprobado a la primera y de forma entusiasta. Todo iba como la seda. Y solo faltaba que cuando Elvis regresó a principios de junio, lo hiciera en una forma estupenda. Animado y bromista, bronceado por el sol hawaiano y con siete quilos menos, se mostró entusiasmado por el guion y no puso objeción alguna cuando Howe sugirió prescindir de sus músicos habituales de Nashville y traer a algunos de los mejores músicos de sesión de Los Ángeles, quienes ayudarían a crear un sonido más fresco y actual. Un estado general de optimismo que se fue a hacer puñetas unos días después cuando Robert Kennedy murió asesinado de un disparo en Los Ángeles. Aquello sumió a Elvis, que era un teórico de la conspiración desde hacía tiempo, en un estado de nervios e inquietud que amenazaba con fastidiar el buen devenir de lo que se traían entre manos.

Por otro lado, y como no tenía un pelo de tonto, Binder empezó a ver las dos caras de Elvis en lo referente al Coronel. Distendido y confiado en su ausencia, cuando lo tenía delante o compartía reuniones en las que estaba presente, su actitud cambiaba radicalmente: bajaba la vista, cruzaba las manos y decía que sí a cualquier cosa que Parker propusiera. Era algo que superaba de largo la relación de representante y representado o incluso de padre e hijo. Era casi como un esclavo frente a su amo, tal era la sumisión —el miedo incluso, parecía— que mostraba. Consciente de ello y de cómo jugar sus cartas, el productor exponía sus propuestas (algunos números coreografiados con una compañía de baile, un segmento de concierto en directo en un formato de arena, tal vez también una secuencia de góspel) a la espera de que Parker, progresivamente menos colaborador, hiciera que Elvis las tumbara bajo su influjo. Lo que Parker no sabía es que delante suyo Elvis le daba la razón, pero una vez terminada la reunión se acercaba a Binder y le decía: "Claro que lo vamos a hacer. Al diablo con el Coronel Parker". Así las cosas, lo más importante era empezar los ensayos en la NBC manteniendo a Parker distraído y alejado de Binder para que no jodiera la marrana. El encargado principal de esa tarea, como hemos visto, fue Bob Finkel, quien lo tuvo entretenido jugando a las cartas y llevando a cabo —y sufriendo a su vez— todo tipo de bromas de las que tanto disfrutaba.

Todo aquel tiempo de distracción hizo que Finkel acabara cogiéndole cariño, convenciéndose finalmente de que Parker era un hombre en esencia incomprendido y, viendo cómo cuidaba de Marie, a quien visitaba los fines de semana en Palm Springs, mucho mejor persona de lo que la gente pensaba.

En lo referente a la marcha del especial, ciertas desavenencias provocaron el reemplazo de Billy Strange como director musical por Billy Goldenberg, algo que cambiaría totalmente la dirección de la música de Elvis, pasando de una pequeña sección rítmica a una orquesta de treinta y nueve piezas. Y aunque Elvis aceptó las razones del despido de Strange (no así el Coronel, que pilló otra rabieta de aúpa), no estaba convencido de querer que alguien manipulara su sonido clásico. Pero finalmente se adaptó fenomenalmente a todo aquel viento y cuerdas y, con ello, sentó igualmente las bases de una nueva y excitante etapa. Entre multitud de detalles, quedaba una última prueba de fuego que superar respecto a Parker. Binder quería cerrar el espectáculo con algo que expresara cómo se sentía Elvis sobre el mundo de aquel momento; sobre la sociedad, la juventud y la guerra de Vietnam. Para ello le presentó una nueva canción escrita por Earl Brown, «If I Can Dream». Un tema excelente que —líricamente— aglutinaba el idealismo y la emoción necesarias para despedir el especial mostrando la esencia de su protagonista. Elvis, tras escucharla varias veces, dijo: "Sí, la haré". Parker, en cuanto se enteró, dijo: "¡Por encima de mi cadáver!". Finkel trató de explicarle que el guion había ido evolucionando hacia un concepto diferente del que tenía originalmente y que ahora no había necesidad alguna de cerrarlo con una canción navideña, por más que así se hubiera acordado en principio. Parker rezongó, protestó, maldijo y finalmente, cedió. Pero no sin antes, en una de sus clásicas fintas, moverse como un rayo y registrar los derechos de autor para proteger la publicación. Aquellos mozalbetes podían jugársela, pero como la banca, él siempre acababa ganando. De todos modos, aunque hubiera dado el brazo a torcer en lo relativo al cierre del programa, eso no quería decir que no pudiera seguir dando la tabarra con lo de la canción navideña. Pero sus razones, ojo, eran tanto personales (cabezonería pura y dura) como profesionales: estaba convencido de que un villancico tradicional atraería a espectadores más conservadores y, además, tenía planes de lanzar un álbum navideño en algún momento. Y como en muchos aspectos seguía teniendo la última palabra, dejó bien claro a todos que o se incluía la canción navideña de marras en algún momento o no habría programa; hasta que los productores cedieron y «Blue Christmas» quedó finalmente incorporada al espectáculo, enlazada con «One Night», y «Santa Claus is Back in Town". Otro triunfo en su haber. Menor, tal vez, pero triunfo, al fin y al cabo. De hecho, Parker era más consciente de las cosas de lo que Binder imaginaba. Su plan desde el principio era que el evento se convirtiera en un trampolín para la siguiente fase de la carrera de Elvis, una vez abandonados los sets de rodaje. Una fase con nombre propio: Las Vegas.

Las interpretaciones de Elvis en el especial dejaron a todos con la boca abierta. Aquel tipo que durante tantos años había pululado por películas de medio pelo cantando babosadas volvía a mostrarse como si estuviera grabando sus primeras sesiones para Sun Records. Atacaba el blues y el rockabilly con una energía inusitada, exudando electricidad. Para cuando grabó el segmento del estadio, había reunido tanta confianza que se comió el escenario gruñendo, gimiendo y pavoneándose como un felino salvaje embutido en aquella segunda piel de cuero negro. El especial estaba logrando su objetivo primordial, compartido por todos: mostrar sin tapujos su renacimiento, su metamorfosis. Y como colofón de todo ello, la interpretación de «If I Can Dream», con un fondo de bombillas formando su nombre. Aquella canción protesta a lo Broadway (si eso es posible), él la convirtió en un salmo, en un aria, en una catedral sónica construida sobre el blues y decorada con el mejor soul y rock que uno podía escuchar. Una auténtica apoteosis que, a día de hoy, sigue poniendo los pelos de punta. La imagen, el retrato desnudo de un hombre que acababa de renacer ante los ojos de una nación. Del mundo entero, en realidad.

Cuando *Singer Presents Elvis* se emitió por fin el 3 de diciembre de 1968, la crítica fue unánime, casi bíblica en su apreciación: este, su hijo, se había perdido, y ahora era hallado. Los números, más fríos pero tan o más elocuentes lo confirmaron: el programa fue el número uno de la temporada, capturando el cuarenta y dos por ciento de la audiencia y dándole a NBC su mayor triunfo del año. Su banda sonora, por otra parte, se dispararía al número ocho en la lista de álbumes pop de Billboard. Cuando proyectaron en privado el programa completo después de la primera edición (noventa minutos, que Binder redujo a una hora para la retransmisión televisiva), Elvis disfrutó como un enano. Tanto, que pidió verlo de nuevo, esta vez a solas con Binder. Tras verlo tres veces más, le confesó al productor que jamás quería volver a cantar una canción o hacer una película en las que no creyera. Y quería a Binder a su lado. Este se sintió halagado y conmovido, pero consciente en su fuero interno de la imposibilidad de Elvis a la hora de desafiar la maquinaria empresarial del Coronel. Su confuso sentido de la lealtad respecto a Parker seguía ahí, latente, y Binder lo sabía. Por eso, aunque Elvis anotara su número de teléfono privado y le pidiese que se mantuviera en contacto, no se sorprendió demasiado cuando sus llamadas y mensajes fueron todos interceptados. Parker, que casi desde el minuto uno había temido que alguien más joven y más en sintonía con la creatividad de su muchacho pudiera aparecer y echarle a la cuneta, había vuelto a erigir los muros. Porque hasta entonces se había deshecho de todos los aspirantes con más bien poco esfuerzo, hasta que se topó con Binder, en el que reconoció la amenaza más seria de su vida, en ese aspecto. Aunque hubiera interferido menos de lo previsto en el especial, pocas cosas se le escapaban; y lo que vio entre Binder y Elvis, literalmente le acojonó. Era hora, pues, de retomar el control absoluto. Elvis había vuelto, sí. Pero el mundo real seguía estándole vetado. No así aquel otro construido a base de sueños, apuestas y neón.

CAPÍTULO 5

De Las Vegas a Estocolmo

Apenas dos semanas después de que se retransmitiera el especial, el Coronel cerraba un trato para llevar a Elvis al International Hotel de Las Vegas, un monstruo de hormigón todavía en construcción cuyo propietario, Kerkor "Kirk" Kerkorian estaba vendiendo como un oasis de clase y buen gusto en medio de aquel paraíso ostentoso y hortera. Con la venta de su compañía Trans International Airlines, Kerkorian había conseguido una fortuna personal de cien millones de dólares, calderilla con la que adquirió varios casinos en la ciudad, entre ellos el Flamingo, el cual haría servir como banco de pruebas para el personal que debía acabar administrando el hotel de sus sueños, el International, cuya sala de espectáculos tendría la nada desdeñable cifra de dos mil localidades. Para encargarse de la programación, el vicepresidente ejecutivo Alex Shoofey eligió a Bill Miller, el nombre más respetado del sector desde Jack Entratter. Ambos, Shoofey y Miller, ya traían la lección más que aprendida del Flamingo, donde habían llevado a docenas de grandes nombres. Para inaugurar el International, pusieron sobre la mesa varios ases, incluyendo a Tom Jones, Frank Sinatra y Barbra Streisand. Pero Miller tenía entre ceja y ceja a Elvis, y para ello contactó con Parker.

Al viejo zorro le tentó la oferta, pero la declinó. Firmar para una sala a estrenar era demasiado arriesgado, especialmente en lo técnico (sonido, iluminación, etc.) así que sin cerrar la puerta del todo, prefirió esperar a que algún pringado corriera con la novatada y una vez la sala ya estuviera contrastada, volverían a hablar. La pringada fue la Streisand, y entonces sí, con 1968 llegando a su fin, el Coronel dio su visto bueno. Elvis y el International iban a trabajar juntos. Pero Shoofey no estaba tan convencido como su colega.

Dudaba de si, a pesar del éxito del especial televisivo, Elvis estaría realmente en forma para el directo tras tantos años apartado de los escenarios. Pero el Coronel tenía más tablas curando crisis de fe que un ejército de sacerdotes, así que con dos collejas y cuatro palmaditas, dejó a Shoofey absolutamente convencido: a Elvis iban a venir a verle hasta los esquimales y la sala del International —y de rebote el casino— nadarían en oro. A falta de pulir los detalles, por la ciudad empezó a circular el rumor de que quien había realmente negociado el trato con el Coronel había sido Milton Prell, que recibió unos cuantos billetes de la mafia para que el acuerdo quedara bien cerradito. Un acuerdo de cuatro semanas por el que, empezando en julio, Elvis realizaría dos espectáculos por noche, siete noches a la semana. Una rutina salvaje por la que, en compensación, exigió 100.000 dólares por semana. Shoofey sacó números y se guardó una opción para una segunda aparición, mientras Parker le sacaba suites gratis para él y para Elvis, así como los derechos para filmar un documental del concierto. Apretón de manos, y a firmar.

El regreso de Elvis a Las Vegas (tras un relativo fiasco en 1956) cumplía un doble objetivo por parte del Coronel. Reinventarlo aprovechando el tirón del especial televisivo, por un lado, y saciar su mono ludópata, por otro. Su problemilla con el juego se había ido acuciando con los años y, como le ocurre a la mayoría de grandes jugadores, su adicción provenía casi exclusivamente de la emoción y el escapismo, no de las eventuales ganancias. Forrado como estaba, ganar dinero en las mesas era lo de menos; se trataba de la adrenalina, del subidón ante la apuesta, ante la bolita girando o la carta boca abajo. Para un hombre cuya vida giraba alrededor del poder y el control, el componente azaroso de los casinos era como pagarle dos putas de lujo a un seminarista. Algo distinto, apasionante y maravillosamente pecaminoso, pero —eso sí— con cierta red de seguridad. Porque las noches que la fortuna se le ponía de culo y perdía hasta el camisón, siempre había alguien para cubrir el desaguisado: ya fuera RCA, William Morris o los estudios con un cheque, ya el propio casino dándole más crédito o incluso la propia mafia de Las Vegas cobrando en favores futuros. Favores que muy posiblemente involucraban a su representado, muy posiblemente también sin que él lo supiera, al menos al principio.

Lo que sí sabía Elvis es que quería, de un modo u otro, cumplir su promesa a Steve Binder restaurando su credibilidad como artista. Para ello siguió el consejo de Marty Lacker de grabar su próximo álbum en los American Studios de Memphis. Él, que no había grabado en su ciudad natal desde los años de Sun, durante los dos primeros meses de 1969 se puso en manos del productor Chips Moman y sus músicos en lo que no tardó en revelarse como una de sus mejores decisiones. La alquímica combinación de pop y rhythm and blues proporcionada por el equipo del estudio daría como resultado joyas del calibre de «Kentucky Rain», «Any Day Now», «In the Ghetto» o «Suspicious Minds». Esta última se convertiría, en agosto, en el primer número uno de Elvis en siete años, y en el último que conseguiría. Y también en la protagonista de una de las leyendas más insólitas de la carrera de Parker, y no será por falta de ellas. Picajoso porque Elvis hubiera aparcado a su productor habitual Felton Jarvis (uno de los nombres propios de su equipo) en favor de Moman, la tomó con «Suspicious Minds» solo escucharla, diciendo que no le gustaba en absoluto. Al ver que su opinión —por suerte— era ignorada, no se le ocurrió otra cosa que colarse en los American Studios para tratar de robar las cintas de la canción y destruirlas antes de que pudiera ser publicada. Por fortuna, parece ser que un guardia de seguridad lo interceptó y lo sacó del edificio; al día siguiente, al enterarse Moman del incidente, él por supuesto negó la mayor. Argumentando, y esto es lo mejor, que habría sido alguien que se parecía a él. Como si hubiera docenas de tipos con su pinta por ahí.

Idas de olla aparte, en julio, Elvis voló a Los Ángeles para empezar a trabajar en su espectáculo con un pequeño grupo de músicos cuidadosamente seleccionados, al tiempo que se quitaba de las pastillas y se ponía físicamente a tono. Con la agenda que le esperaba, lo iba a necesitar.

Mientras tanto, Parker se convirtió en una presencia constante en el International, ya fuera entre ruletas y apuestas hípicas, ya preparando la campaña de promoción que, otras estrategias aparte, no dejó libre una sola valla publicitaria entre L.A y Las Vegas. Entre el personal ejecutivo del hotel, como ocurría siempre allá donde iba, sus maneras extravagantes y su aparatoso modo de proceder, levantaron más de una y dos suspicacias, pero cuando al final se vieron incapaces de satisfacer todas las reservas, como también ocurría siempre (o casi) tuvieron que reconocer que su estilo funcionaba.

En los días previos a su debut el 31 de julio, Elvis sufrió unos cuantos ataques de pánico, el último de los cuales duró hasta que subió al escenario a las 22:15. Tenía treinta y cuatro años y no sabía si sus cuerdas vocales iban a aguantar el ritmo acordado. Además, aquella noche inaugural era solo con invitación, así que tendría que enfrentarse a una audiencia compuesta por celebridades y periodistas traídos expresamente por Kerkorian. Pero en cuanto puso un pie en las tablas, la transformación fue total. Adiós nervios, adiós cagalera. El rey del rock'n'roll estaba de vuelta con una actuación que no dejaba lugar a dudas: Elvis solo había uno. Con un repertorio que fue desde «Blue Suede Shoes» hasta material de las recientes sesiones en Memphis, no dejó un pelo sin erizar ni un lagrimal seco entre la audiencia. Y no solo entre la audiencia. En un gesto insólito, los testigos afirman haber visto al Coronel, con los ojos humedecidos, acercarse a Elvis en el backstage y abrazarlo. Un gesto de humanidad y sensibilidad que casi inmediatamente fue compensado por iguales dosis de mezquindad, no fuera la cosa a desequilibrarse. Porque alguien que no pudo felicitar a la estrella fue Steve Binder, excluido de la lista de invitados por ya sabemos quién. Acercándose a la puerta del camerino, como un fan de a pie cualquiera, Binder le dijo al segurata si podría decirle a Elvis que quería verle y felicitarle. Éste tomó el teléfono y tras unos instantes se giró y negó con un "lo siento" que no dejaba opción. El muro seguía infranqueable. Pasarían más de treinta años antes de que Binder se enterara de que Elvis había estado preguntando por él aquella noche.

La anécdota refleja perfectamente la dicotomía en la que se volvía a ver envuelto Elvis. Artísticamente volvía a instalarse en la cima, mientras que, en lo personal, seguía recluido y aislado, secuestrado en una especie de síndrome de Estocolmo unos años antes de que el término fuera siquiera acuñado. Al respecto, contaba Bob Finkel que cuando él y su esposa fueron invitados por Parker a visitar al cantante en su suite privada, se encontraron a Elvis solo, sentado ante el televisor viendo un western. La habitación estaba completamente a oscuras, salvo por la luz del televisor, y todo lo que Elvis dijo fue "hola, Bob". Y luego disparó al televisor con una pistola. No hacía falta ser un lince para ver que aquel hombre se había retirado a su propio mundo, y que éste no era de color de rosa.

Parker tenía otros asuntos entre manos, no obstante. Reunido con Shoofey, ahora presidente del International, en la cafetería del hotel, ultimaban los términos de un nuevo contrato sobre el mantel: un aumento fijo del salario de Elvis a 125.000 dólares por semana y ampliar su opción de dos eventos al año durante los siguientes cinco años. Parker únicamente pidió un extra: un viaje a Hawái para Elvis y ocho acompañantes. Shoofey sonrió y ambos cerraron el acuerdo; pero, aunque satisfecho, no entendió por qué el Coronel no había exigido una escala variable. Que alguien —¡y más él!— firmara por cinco años por la misma cantidad de dinero, sin aumento alguno, resultaba insólito. Más todavía, considerando la cantidad de negocios que Elvis traía al hotel y a sus casinos. Echemos cuentas rápidas: con la entrada mínima a quince dólares y un aforo (siempre completo) de dos mil personas, salen 30.000 dólares por espectáculo. Con dos espectáculos por noche, durante veintiocho noches consecutivas: 1.680.000 dólares. Pero en realidad era más porque el cincuenta por ciento de los espectáculos eran cenas, en las que el aforo aumentaba. Así que Elvis hacía ganar al hotel más de dos millones de dólares al mes. Si hasta entonces los espectáculos de las Vegas eran deficitarios, pero se compensaban con creces con la pasta que los espectadores se dejaban en el casino, Elvis cambió esa dinámica por completo.

Entonces la pregunta es: ¿por qué un tiburón como Parker negoció en aquellos términos? Entre otras, la teoría más aceptada es la de que de ese modo el hotel lo colmaba a él, personalmente, de beneficios inimaginables; desde caprichos gastronómicos y favores de toda índole, hasta perdonarle parte de sus crecientes pérdidas en el casino. Si hubiera apretado al hotel como solía hacerlo siempre, ese trato especial no se hubiera dado, no al menos en igual medida. Elvis era su sostén, su seguro y su crédito, todo en uno. De hecho, más de uno y de dos shows de Elvis en el International fueron gratis para cubrir las deudas del Coronel.

Alguno de ustedes se preguntará, en este punto: ¿tanta pasta se dejaba en las mesas nuestro amigo? Bueno, las crónicas varían, desde quien calcula que perdía cerca de un millón al año, hasta los que aseguran que durante más de doce horas y en una ruleta privada, la cosa podría ir entre cincuenta y cien mil dólares por noche. Con lo cual, sin ser matemáticos, podemos entender que prácticamente cada centavo que el hotel le pagaba por las actuaciones de Elvis, lo recuperaban en las mesas. Normalmente rodeado de una pequeña multitud —a prudente distancia—, el espectáculo del Coronel apostando en los juegos de azar podría casi considerarse un espectáculo anexo, accesorio al de Elvis. Le gustaba especialmente la Rueda de la Fortuna, posiblemente porque le recordaba las ferias, y apostaba en ella haciendo cábalas con fechas de significado personal, numerología de baratillo. Pero, aunque disfrutaba de las miradas ajenas que lo contemplaban ganando o perdiendo (eso daba igual), rara vez toleraba que una mujer se acercara demasiado a chafardear. Como buen jugador, no carecía de manías y supersticiones, y una de ellas era que las mujeres traían mala suerte. Para ahuyentarlas solía llamar a Jimmy Newman, el gerente del casino, o bien encendía un puro especialmente apestoso, un repelente natural bastante efectivo con las damas. Esa manía se circunscribía a las féminas como público, puesto que a menudo solicitaba que fuera una mujer quien se encargara de la ruleta. Cosas de tahúres. La cuestión, más allá de las anécdotas, es que a medida que pasaba más y más tiempo en Las Vegas, el Coronel no podía controlar su adicción. Una historia de autodestrucción en los tapetes verdes paralela a la autodestrucción que empezaba a tener lugar varios pisos más arriba, en una suite con las cortinas permanentemente cerradas.

CAPÍTULO 6

En el punto de mira

En octubre, menos de tres meses después de su debut en el International, Elvis ya estaba hasta las narices. Mientras disfrutaba de las vacaciones pagadas en Hawái como parte del nuevo trato con el International, planeó volver a Los Ángeles y de allí —junto a Priscilla y parte del séquito— volar a Europa. Ansiaba ver mundo, visitar ciudades que tenía pendientes desde que hizo el servicio militar, ni que fuera de incógnito. A Priscilla el plan también le tentaba; esperaba que sirviera para encauzar de nuevo un matrimonio que ya hacía aguas por varios frentes. Pero cuando Parker recibió el parte diario por parte de Esposito, solo necesitó leer las palabras Elvis y Europa para activar el código rojo y volver a usar todas sus tretas para abortar el plan, incluyendo —una vez la pareja regresó a Memphis— enviar a dos sicarios para amedrentarles. En realidad, se trataba de dos hombres de negocios con traje y corbata y toda la pesca que se identificaron como personal de RCA, y sus amenazas sonaban a consejos bienintencionados, en plan "tranquilo ya habrá tiempo de ir a Europa", "estas cosas han de planearse muy bien" y demás. Pero Elvis tuvo la sensación, todo el tiempo, de que eran enviados de Parker. Gente de la que te apuñala con una sonrisa. Si le hubiera enviado dos sicarios de verdad, igual no lo habría acoquinado tanto.

De vuelta en Las Vegas en enero de 1970, Elvis lucía un aspecto magnífico, tanto o más que en su debut del año anterior. Pero los más íntimos sabían que, debajo de aquella energía y aquel vigor, las drogas latían más fuerte que nunca y que solo era cuestión de tiempo que su cuerpo mostrara los efectos. Como los mostraba ya su psique, con ataques de paranoia cada vez más serios, aumentados por la reciente escabechina en casa de Sharon Tate por parte de los tarados discípulos de Manson. Paranoia que se volvió histeria cuando el hotel —y el propio Parker— recibieron llamadas amenazando con secuestrar al Rey del rock'n'roll. Una serie de incidentes que llegaron al colmo cuando alguien llamó al teléfono privado de Esposito (que no constaba públicamente en ningún sitio) y dijo que un individuo planeaba dispararle a Elvis en el escenario durante su espectáculo del sábado por la noche, exigiendo cincuenta de los grandes para revelar el nombre del agresor. Si esta cadena de avisos ya bastaría para poner como un flan a alguien con los nervios sanos, a alguien que los tenía bailando la conga a diario, imaginen.

Como cancelar el *show* no era ninguna opción, Elvis hizo de tripas corazón, se metió una Derringer en la bota y subió las escaleras hacia el escenario. No sin antes advertir a los responsables del dispositivo de seguridad especial que habían montado de que no quería que ningún hijo de puta anduviese por ahí diciendo: "yo maté a Elvis Presley". La orden que dio es que, si alguien le disparara, pillasen al interfecto y le sacaran los ojos. Finalmente, el espectáculo se desarrolló sin ningún incidente serio, dejando únicamente la anécdota del momento —tras varias canciones— en que un espectador gritó su nombre, ante lo que Elvis se arrodilló y echó mano a la pistola. Un segundo después, el tipo en cuestión preguntó también a voz en grito: ¿podrías cantar «Don't Be Cruel»? La cosa al final quedó en un susto para todos los presentes, pero no para Elvis, que empezó a elucubrar teorías al respecto. ¿Había sido el propio Parker el que lo orquestó todo, en un paso más para tenerle acobardado y sumiso? ¿O tal vez había sido un aviso dirigido al propio Coronel? Según cómo Elvis podía vivir en su mundo, pero los rumores de que Parker había pedido mucho dinero prestado a la mafia (incluso que les había vendido un porcentaje de sus ganancias como pago de sus deudas), los conocía de sobras. La verdad, en cualquier caso, nunca la sabría. Pero por si acaso, empezó a obsesionarse con las armas de fuego, la poli y demás. En los meses siguientes acumuló un pequeño arsenal y se hizo amigo de maderos a lo largo y ancho del país; e incluso, en ocasiones, se ponía un uniforme de capitán (regalo del Departamento de Policía de Denver) y conducía con una luz azul giratoria instalada en el techo de su coche pretendiendo ser un agente de la ley. Unas excentricidades que cruzaban la frontera del ridículo y la payasada para caer prácticamente en el delirio. Su inmersión en las drogas y el desvarío, cada vez más profunda, vino acompañada de un nuevo distanciamiento del Coronel. Hablaban prácticamente siempre a través de un intermediario —generalmente Esposito— y solo si era estrictamente necesario. Esta vez y a diferencia de ocasiones anteriores, la cosa parecía que iba en serio.

Cuarta parte

CAPÍTULO 1

Querido señor presidente

En septiembre, Elvis voló a Phoenix para dar inicio a una gira por seis ciudades, la primera como tal desde 1957. Las entradas volaron en cuestión de horas, especialmente porque Parker mantuvo el precio en diez dólares, un precio más que competitivo y bastante por debajo del mercado en cuanto a grandes estrellas. Para promocionar cuatro de los conciertos había una nueva compañía llamada Management III, cuyos socios principales eran Jerry Weintraub y Tom Hulett. Ambos estaban bien situados en el negocio y eran respetados, pero aun así Parker les hizo sudar tinta. Cuando Weintraub volvió al mes siguiente para organizar otra gira de ocho días, Parker exigió un depósito de un millón de dólares contra el sesenta y cinco por ciento de la entrada. Y en veinticuatro horas, si no era mucha molestia. Un modo de poner a prueba tanto la cuenta corriente de la promotora, como la determinación de Weintraub.

El joven promotor llegó con el saco del dinero, consiguiendo a cambio —él y Hulett— una parte de las concesiones. Siendo advertido, eso sí, respecto a la accesibilidad de las entradas. El Coronel tenía muy claro que antes que invitas para los políticos de turno y demás carroñeros, lo más importante siempre habían sido y seguían siendo los seguidores de Elvis: "Queremos que nuestros fans sean atendidos. Cuando esperan en fila durante horas y horas, son clientes privilegiados. Son lo primero", le escribió en un telegrama. Vamos, igualito que hoy día, cuando al fan de los grandes eventos no se le marca al rojo y se le cuelga un cencerro únicamente por impedimentos legales.

Con un equipo de gira que incluía al Dr. George Nichopoulos, un médico de Memphis que llevaba un lustro rellenando el botiquín de Elvis, el espectáculo itinerante se movía generando enormes ingresos y batía récords de asistencia, llegando a superar las cifras de los Rolling Stones en sus dos espectáculos en el Inglewood Forum de Los Ángeles. Y superar a sus Satánicas Majestades en esa época, poquitos podían. Parker, por su parte y ya cumplidos los sesenta, no se dormía en los laureles. Seguía actuando de avanzadilla promocional unas semanas antes de los conciertos, ayudado por Sonny West como jefe de seguridad. Ambos se encargaban de supervisar los alojamientos (Elvis y el Coronel ocupaban cada uno un piso entero de cada hotel, siempre distinto al de la banda), descubrir pasadizos secretos para acceder sin pisar el *lobby* y trabajar con las policías locales para escoltar al astro. De hecho, hubo un momento en que se destacaba casi igual número de bofias para proteger a Elvis que al presidente del país.

La planificación y la atención al detalle, Parker las cuidaba al milímetro. Cronometraba lo que se tardaba del aeropuerto al hotel y de allí al lugar del evento, conseguía hasta cuatro limusinas distintas como señuelos y, cuando su amigo Al Dvorin pronunciaba la famosa frase de "Elvis ha abandonado el edificio", siempre se callaba la segunda parte: "hace ya un rato, en realidad". Como siempre había dicho (y nunca mintió al respecto), se seguía dedicando en cuerpo y alma a su muchacho. Comprobaba las ventas de *merchandising*, se ocupaba de la taquilla y de la publicidad, desviviéndose porque en cada espectáculo no quedara una sola localidad por vender. Un ritmo agotador, desde que le sonaba el despertador a las cinco de la mañana hasta pasada medianoche. Y si Elvis volaba de noche tras el espectáculo, igual que el padre sufridor cuando la niña sale de discotecas, no se iba a dormir hasta saber que el avión había aterrizado sin problemas.

Pero si en Las Vegas se reunía con Elvis y toda la panda cada noche antes del *show*, estando de gira apenas si coincidían; lo cual, con la tirantez con la que llevaban su relación, como hemos visto, tampoco era mala idea. Así, si Elvis se encendía por tener que pernoctar en algún que otro hotel demasiado, ejem, modesto, con el Coronel a miles de millas de distancia su cabreo se lo comían Esposito, el Dr. Camello y demás cortesanos. En cierta ocasión tuvo que alojarse en un hotel de Mobile, Alabama, que un día había sido lujoso pero que en 1970 había descendido a la categoría de cuchitril. A su enfado por las condiciones del sitio se unía, además, la sensación de que el Coronel le hacía actuar, demasiadas veces, donde Cristo perdió el mechero. Una sensación que compartían Weintraub y Hulett, tan desconcertados como él por una serie de ciudades menores elegidas por Parker; sitios como Monroe, Luisiana, o Greensboro, Carolina del Norte, enclaves totalmente fuera del circuito de rock de grandes estadios. Pero como casi siempre, el Coronel sabía lo que se hacía. Si Elvis tenía que actuar en pabellones deportivos de pueblo y recintos similares, el lleno absoluto estaba garantizado, pues los fans de las zonas más rurales o apartadas se morían por verle. Y, además, los beneficios de tales eventos ayudaban a pagar los gastos —mucho más considerables— entre fechas más importantes. Ello sin contar con que muchas de esas ciudades las había visitado años ha, con las ferias y los espectáculos en carpas, y conocía a mucha gente del lugar —desde la alcaldía hasta la comisaría— que le ayudaban a organizar el tinglado. Llevaba mucho en el negocio, Parker. Y Weintraub y Hulett podían ser peces gordos y lo que tú quieras, pero más que él, no sabían. Ni más contactos, tampoco tenían.

El problema básico ahora, y creciente, era el comportamiento errático de Elvis fuera de los escenarios, impulsado por su desmedido consumo de fármacos. Obsesionado por las armas, protagonizó algunos episodios que a punto estuvieron de acabar muy mal; y cuando en noviembre terminó las giras, se le metió en la cabeza una idea de bombero: convertirse en agente federal. Uno de sus hombres, John O'Grady, le dijo que tal vez podría conseguirle una reunión con John Finlator, subdirector de la Oficina de Narcóticos. En medio de todo ese dislate, el Coronel empezó a reprocharle a Elvis que lo estuviera evitando premeditadamente; un disgusto que se extendió a Vernon, que le paró los pies a su hijo cuando éste le dijo que era hora de mandar al viejo feriante a tomar viento. En un insólito gesto de autoridad paterna, Vernon sacó una carpeta con las facturas correspondientes a los mil y un derroches que Elvis llevaba a cabo últimamente: viajes para comprar armas por valor de 30.000 dólares, Mercedes–Benz por valor de 85.000 dólares para sus amiguetes y demás gastos superfluos, absurdos y desorbitados. Para un Elvis susceptible e irritable en grado sumo, faltó que Priscilla —más ahora que la pareja acababa de pagar un depósito para una nueva casa en Beverly Hills, a pesar de lo inestable del matrimonio— se alineara con el suegro, para que se le cruzaran los cables de mala manera.

El 19 de diciembre de 1970, como Tom Sawyer de casa de tía Polly, se escabulló de Graceland sin que nadie lo supiera, fue solo al aeropuerto y emprendió un viaje a Washington para ver a Finlator, el contacto de O'Grady. Obviamente Finlator lo rechazó, pero él tenía un plan B. Previendo que el chupatintas aquel no iba a hacerle caso, en el avión de ida había escrito una carta dirigida al superior de éste. Al superior de verdad, ojo. Una misiva delirante, garabateada sobre la marcha en seis folios, tachones incluidos, con el membrete de American Airlines, en la que le contaba al presidente Richard M. Nixon que él era tan solo un ciudadano preocupado por la actual deriva de su país, plagado de hippies, rojos y demás gentuza. Todo eso él lo sabía de buena tinta, señor Nixon, porque había realizado "un estudio profundo del abuso de drogas (¡eh, no se rían que les veo!) y las técnicas de lavado de cerebro comunistas". Así que, si su excelencia tuviera a bien convertirle en agente federal, él podría ayudar a su gran país a ser grande otra vez. Despidió la carta con un "me encantaría conocerle solo para saludarle, si no está demasiado ocupado" y entregó la carta, junto con las señas de su hotel, en las puertas de la Casa Blanca. El responsable del servicio secreto, dicen que aún no ha salido de su asombro. Acto seguido se metió de nuevo en la limo, ahora ya acompañado de Jerry Schilling y Sonny West, y volvió al hotel. Llegado este punto y por más buena voluntad que le pongan, seguro que no se imaginan a Tricky Dicky leyendo personalmente la carta de cualquiera que pasara por delante de su despacho. Pero Elvis no era cualquiera. Y si Elvis quería una placa, pues le daría una placa, qué demonios.

Pocas horas después, Egil "Bud" Krogh, ayudante adjunto al presidente —quien a la postre, sería el único testigo del encuentro—, preguntaba al artista por sus intenciones antes de llevarle al Despacho Oval. Una vez allí, Elvis le pegó la misma chapa a Nixon sobre los fumetas y las protestas antiamericanas, y que él podía llevar un mensaje distinto a los jóvenes, simplemente a través de su música y blablablá. Después le regaló al presidente un Colt 45 de la II Guerra Mundial y algunas fotos, y regresó a Graceland exultante: ¡había conseguido la placa de la Oficina de Narcóticos y

Drogas Peligrosas y, además, de manos del presidente de los Estados Unidos! Bueno, en realidad, la placa era honorífica (Nixon no era tan pardillo), pero él siempre pensó que era auténtica. Su posesión física más preciada, a decir de Schilling. Por otro lado, que Elvis hubiera conseguido la placa de narcóticos yendo más puesto que Las Grecas, no hace más que añadir un plus absurdo y tragicómico a todo aquello. La reunión se mantuvo en secreto a petición del propio Elvis hasta que trece meses después, el 27 de enero de 1972, el estrambótico episodio fue desvelado por el *Washington Post*. Cuando decimos en secreto nos referimos al público general, por supuesto, no a Parker, que supo de la misma poco después y casi le da otro soponcio de los suyos. Aquel muchacho estaba fuera de control, especialmente del suyo. Sus comportamientos se volvían más y más conflictivos con cada mes que pasaba y se dio cuenta de que tenía que crear nuevas formas de seguir exprimiéndole si no quería que le pasara como a su amigo Oscar Davis: enfermo, arruinado y sin haber podido volver a representar a ninguna otra estrella después de lo de Hank Williams.

En julio de 1971, Elvis llegó al Sahara Tahoe de Del Webb en Stateline, Nevada, para un concierto que fue todo un éxito; en parte gracias a que Parker, de algún modo, había descubierto una manera de sentar a ocho personas en una mesa para cuatro, batiendo el récord de asistencia del lugar. Un mes antes, la cadena Hilton había adquirido el International en una sociedad al cincuenta por ciento con Kerkorian y Shoofey, rebautizándolo como Las Vegas Hilton. Parker pronto usaría los números de Elvis en Tahoe, más el hecho de que había negociado una tarifa de 300.000 por dos semanas, para llegar a un acuerdo con Henri Lewin, nuevo vicepresidente ejecutivo del hotel, y con el propio Barron Hilton. Pero todo lo bien que le iban las cosas a Parker por su lado, y lo muy a gusto que se sentía en Las Vegas, tenían su contrapartida en un Elvis que estaba hastiado de la extenuante rutina de dos conciertos por noche los siete días de la semana. Física, por supuesto, pero también mentalmente. Al tercer año, aquello era el día de la marmota; el mismo *show*, el mismo escenario. Sin ningún reto ni estímulo más que vivir de noche y dormir de día, Las Vegas se estaba convirtiendo en su infierno particular.

CAPÍTULO 2

Un satélite apuntando a Hawái

Ese ritmo infernal le acabó pasando factura, tras lo de Tahoe. Cuando en agosto inauguró sus recitales en el Hilton, las malas críticas empezaron a hacer su aparición. El espectáculo no tenía gancho, era monótono, pero sobre todo planeaba la sensación de que Elvis no estaba bien. Los periodistas lo notaban inusualmente cansado, pasado de peso. Todo parecía indicar que necesitaba con urgencia bajar el ritmo y tomarse un respiro y así se lo hicieron notar al Coronel varias personas de confianza. Éste, ya lanzado a tumba abierta, no solo ignoró los consejos y lo que era una pura evidencia ante sus ojos, sino que, ante el creciente flujo de público, añadió un espectáculo adicional por día. ¿No quieres caldo? Toma dos tazas. Y encima, como el capataz de una plantación poniendo ungüento en las marcas de los grilletes a cada esclavo, tras su jornal de 18 horas al sol, Parker habló con Vernon y luego ambos con Elvis para hacerle entender lo importante que era que cuidase de su salud. Definitivamente, si existiera el Nobel del cinismo, les iba *ex aequo*. Para el Rey, la exigencia física y el aburrimiento vital eran una estupenda combinación para seguir metiéndose drogas como si no hubiera mañana. Los consejos baratos a lo *Saber Vivir,* se los podían meter donde les cupieran.

Pero lo cierto es que todo el imperio estaba empezando a resquebrajarse seriamente. Por un lado Parker, con sus deudas de juego aumentando sin descanso, consideró vender el contrato de Elvis a Gordon Mills, el mánager de Tom Jones. Y por otro Elvis, en gira a finales de año, ya no se cortaba un pelo en sus escarceos con otras mujeres; su matrimonio hacía aguas desde tiempo atrás, con Priscilla sintiéndose ignorada y finalmente liándose con su instructor de karate, Mike Stone. Y como guinda del pastel, Elvis volvía a dar la matraca con lo de ir a Europa, argumentando la inmensa cantidad de cartas que recibió de fans extranjeros. A las excusas de siempre y otras nuevas, el Coronel añadió esta vez una que sí parecía real, aunque no se la expuso a él, obviamente: con el Dr. Nichopoulos fijo en todas las giras, Parker no estaba seguro de qué tipo de drogas estaba tomando Elvis, pero últimamente había oído rumores sobre cocaína. Si a Elvis le daba un chungo en el extranjero, o la aduana encontraba alguna sustancia ilegal en los equipajes, no podría silenciarlo. Y el estallido sería nuclear.

Y entonces, en medio de todo aquel caos, surgió una solución inopinada: una tecnología innovadora que permitía la transmisión satelital en directo en todo el mundo. El Coronel, quejumbroso pero tan lúcido y despierto como siempre, no tardó ni cinco minutos en entender que Elvis podría "girar" alrededor del mundo en un solo concierto, sin salir de casa. Al ser además la primera vez que se hiciera, el impacto a nivel publicitario sería mayúsculo. Y tal vez, de rebote, sacaría a Elvis de la enésima depre en la que se encontraba sumido. A Rocco Laginestra, nuevo capo de RCA, le encantó la idea, que Parker ya había planeado organizar desde Hawái. Pero como no le caía especialmente simpático, le pasó la tarea de tratar con él a Mel Ilberman, quien consideraba a Parker un amigo que siempre le había tratado bien. Como consecuencia de ese buen rollo, el sello acordó crear una compañía de promoción de conciertos, algo tras lo que el Coronel llevaba años. Incluyendo en el acuerdo a Management III, Parker podía disponer de los recursos de la compañía y, a la vez, controlar todo el cotarro. La primera gira bajo esta nueva realidad empezó en abril de 1972, y fue un ejemplo de cicatería y mezquindad. Contando cada centavo, Parker obligaba a los músicos de la banda a comprar entradas si querían invitar a alguien, y en el camerino no había catering excepto un cubo con cuatro refrescos. Cuentan incluso que de vez en cuando, el Coronel se subía al autobús de gira y le daba a cada uno de ellos un billete de diez dólares para la cena. La palabra roñoso, en este caso, se queda dramáticamente corta para alguien que sacaba, de aquellas giras, unos ingresos desorbitantes. Y de los que, aun a día de hoy, nadie sabe a ciencia cierta cómo y en qué proporciones —reales— se repartían.

Por entonces también se revisaría el contrato de Elvis, como siempre en términos carnavalescos; es decir, inventándose que en un año podría trasladar a Elvis al MGM Grand Hotel de Kirk Kerkorian, por entonces en construcción, con lo que los del Hilton aceptaron un aumento tanto para Elvis como para él, no se les fuera a escapar la estrella. Por otro lado, y durante la gira de verano de 1972, Elvis actuaría tres noches en el Madison Square Garden a partir del 9 de junio, vendiéndose tan rápido las entradas que hubo que añadir una cuarta. Y con ello, convirtiéndose en el primer artista en agotar las entradas para cuatro *shows* consecutivos en el Garden. Los conciertos, grabados en secreto por RCA de cara a un álbum en directo, fueron algo grande. Más que grande, apoteósico. Elvis estuvo pletórico, metiéndose al público de la Gran Manzana en el bolsillo con algunos de los mejores momentos de toda su carrera. Un gran momento profesional al que siguió, casi inmediatamente, un bajísimo momento personal: el 26 de julio, Elvis y Priscilla se separaban legalmente.

A pesar de que en aquel momento ya había empezado a salir con la siguiente mujer de su vida, Linda Thompson, Elvis seguía jodido. El divorcio fue el pistoletazo de salida para la siguiente etapa en su consumo, aumentando la cantidad de sedantes y pegándole más fuerte que nunca al alcohol. Su dieta más o menos habitual se basaba en un Valium y un Placidyl como aperitivo, Valmid de primero, algo de Butabarbital y codeína de segundo, para terminar en los postres con Percodan y Demerol líquido. Una auténtica burrada, un cóctel explosivo imposible de mantener por mucho tiempo. El 4 de septiembre, Parker y Laginestra celebraron una conferencia de prensa en Las Vegas para anunciar la próxima transmisión por satélite, *Aloha from Hawaii*, prevista para enero de 1973. El espectáculo, que se escenificaría en Honolulu, llegaría a 1.400 millones de espectadores y sería grabado y lanzado como doble elepé.

Elvis trabajó duro para ponerse en forma de cara al *show*, adelgazando y apartándose momentáneamente de los fármacos; hasta justo antes de subir al escenario, cuando pidió un chute de vitamina B12 y anfetas. Fin de las buenas intenciones. *Aloha from Hawaii* se convertiría en el último gran momento de Elvis, su última aparición como una superestrella indiscutible.

El álbum, por su parte, permanecería en las listas durante nada menos que treinta y cinco semanas y llegaría subir al número uno. Su primer elepé en la cima de las listas en nueve años. Y también el último. Fue la noche tras el concierto cuando Parker le escribió a Elvis, de madrugada, una nota insólitamente emotiva: "Siempre sé que cuando hago mi parte, tú siempre haces la tuya a tu manera y con tu sentimiento de cómo hacerlo mejor. Es por ello que tú y yo nunca nos enfrentamos cuando estamos haciendo nuestro trabajo de la mejor manera posible. Tú, sobre todo, haces que todo funcione siendo el líder y el talento. Sin tu dedicación a tus seguidores, no podría haberse hecho". ¿Se estaba ablandando el Coronel, con la edad? Aquello no parecía una estratagema de las suyas, sino un reconocimiento sincero y afectuoso que iba más allá de lo profesional. Lo cierto es que puede que sí, que algo estuviera descongelando un poco aquel corazón implacable. Recientemente había añadido un cuarto infarto a la colección y era consciente de que de un quinto no saldría vivo; y además Marie estaba cada vez peor de lo suyo, con una senilidad galopante que muchas veces hacía que no le reconociera cuando la llamaba. Cosas que hacen que un hombre se replantee ciertas cosas. Ciertas actitudes.

CAPÍTULO 3

Planificando lo inevitable

Marie, Elvis, él mismo. Todo parecía ir mal. Pero más allá de las momentáneas flaquezas sentimentales, ya sabemos que la única manera que nuestro hombre conocía para sobreponerse a las putadas de la vida, era centrarse en el trabajo, en los negocios. En las nuevas editoriales musicales, Aaron Music y Mister Songman Music, por ejemplo, que planeaba formar en comandita con Freddy Bienstock, que había sido despedido por los Aberbach. O renegociando con RCA para un nuevo contrato de siete años. O pactando acuerdos paralelos con este, aquel y el de más allá. La cuestión era no parar y seguir sacando pasta de todo el mundo, más ahora que Priscilla reclamaba más de lo suyo. Al parecer, creía que los términos económicos del acuerdo de divorcio no eran del todo justos, y planeaba consultar con un nuevo abogado para renegociarlos. Finalmente, en octubre se firmó el decreto, por el cual Priscilla recibiría un pago en efectivo de 725.000 dólares, más 4.200 mensuales de manutención conyugal durante un año (después del cual el pago aumentaría a 6.000 mensuales durante diez años), y 4.000 mensuales de manutención infantil. También recibiría el cinco por ciento de las nuevas editoriales de Elvis y la mitad de la venta de su casa en California. Digamos, por resumir, que en la calle no se quedó, vamos. Unos meses antes, en mayo, la fatiga emocional y física de Elvis se haría evidente en una nueva actuación en el Sahara, en Tahoe. De nuevo con sobrepeso y pasado de barbitúricos tuvo que cancelar varios conciertos y volver a Memphis. Parker volvió a contactar con Vernon para ver qué pasaba con el tema de la medicación, si no había allí nadie de toda aquella mafia de tres al cuarto que pudiera hacer algo al respecto. Y no, no había nadie. Nunca lo había habido, de hecho. Elvis era —por acción— tan responsable de sus vicios y adicciones y de su decadencia física como lo eran —por omisión— todos los de su alrededor. Un adicto empedernido, a esas alturas con problemas de vejiga e intestinos que no tardarían en dejarle incontinente e impotente. A Parker no le gustaba el Dr. Nichopoulos, obviamente, pero aunque sabía que era uno de los principales camellos de Elvis, también sabía que igualmente le llegaba mandanga de otras fuentes. ¿Cuáles? Para tratar de averiguarlo, él y Vernon encargaron a O'Grady que investigara. Y no le hizo falta husmear mucho. En un breve periodo de tiempo dio con tres médicos y un dentista que mantenían a Elvis abastecido. A todos se les cogió amigablemente por la colleja con un "esto se va a acabar ya mismo, ¿verdad?", pero de poco sirvió. Si no eran ellos, serían otros. Había demasiadas personas en el entorno de Elvis dispuestas a conseguirle cualquier tipo de fármaco, aparte de coca (que obtenía de su dentista de California, el Dr. Max Shapiro) y, últimamente, Dilaudid, un opioide bastante más que cañero, que no tardaría en convertirse en su narcótico preferido. A medida que el consumo de drogas se intensificaba, su relación con Parker seguía deteriorándose, y las broncas arreciaban. Además, a ojos públicos, ya era un secreto a voces. Su espectáculo de apertura en agosto tuvo críticas demoledoras que hacían hincapié en su mal estado de forma. Pero como no hay nada malo que no pueda ir a peor, Elvis estableció contacto con el médico de cabecera del Hilton, el doctor Elias Ghanem, un libanés nacido en Israel de papi millonario al que podía verse, en sus horas libres, haciendo el fantasma en el hipódromo o codeándose con celebridades. Pronto se convertiría en el médico favorito de Elvis en Las Vegas; pero igual que el resto de matasanos de su entorno, hizo muy poco en favor de la estrella. El 11 de octubre, tan solo dos días después de que se hiciera efectivo su divorcio, Elvis, enganchado al Demerol, tuvo problemas respiratorios en un vuelo. El Dr. Nichopoulos lo internó en el Baptist Memorial Hospital para realizarle pruebas, aunque la verdad es que fue una cura de desintoxicación en toda regla. Lo del avión había sido una sobredosis, la tercera de ese año, y por prescripción médica su siguiente compromiso en Las Vegas, en enero de 1974, se acortaría de cuatro semanas a dos. Pero daba lo mismo, aquello ya no tenía remedio. Elvis era un drogadicto armado que disparaba a las cosas por puro tedio, que cuando se pasaba con los tranquilizantes no podía siquiera tragar la comida; alguien cuyo corazón, más de una vez, se quedaba en *stand by* hasta que el Dr. Nick le metía un chute de Ritalin directo al músculo para que volviera a arrancar.

Decíamos antes que nadie podía ayudarle, pero… ¿ni siquiera el Coronel? Dejando aparte la colección de botarates, buitres, idiotas y parásitos que Elvis tenía alrededor, el único que podía haber hecho algo al respecto, deteniendo aquella caída en barrena (o al menos, intentándolo) era él. Pero ¿era realmente consciente de lo mal que estaba su chico? Hay quien cree que no, que pese a saber de sus adicciones, al haberse ido apartando de su entorno más próximo desde hacía mucho, no era consciente de hasta qué punto estaba jodido. Sí, le veía actuaciones pobres y hasta bochornosas, pero las alternaba con otras estupendas, así que se aferraba a aquello de los días buenos y malos de todo artista. Y también se sabe que a principios de 1974 habló con Elvis cara a cara y le mostró su preocupación. Según declararía años más tarde, Elvis le contestó: "Sin faltarle al respeto, Coronel, pero sé lo que estoy haciendo. Manténgase alejado de mi vida personal". Pero también hay quien cree que sí sabía perfectamente que Elvis se estaba muriendo, y que si no hizo nada al respecto fue por su propia atrofia sentimental, por su incapacidad de mostrar empatía y sentimientos que lo acercaran a otro ser humano. Y también, a decir de Byron Raphael, porque había perdido el control y, a esas alturas, para él un Elvis vivo era más una molestia que un beneficio. En realidad, no quería que muriera, pero sabía que esa era la única salida y, considerando la condición en la que se encontraba, lo mejor que podría haber sucedido. Porque Elvis era más fácil de controlar muerto que vivo. Y más valioso, también, solo por su comercialización. Así que simplemente se hizo a un lado y dejó que el destino siguiera su curso. Buscando planificar lo inevitable, el Coronel se acercó a Vernon en 1974 para crear una empresa que supervisara la comercialización de los productos no relacionados con el espectáculo de Elvis, así como las nuevas editoriales musicales. La llamó Boxcar Enterprises.

Mientras, las actuaciones de agosto estaban plagadas de momentos estrafalarios, con Elvis desvariando en escena, yéndose por peteneras en discursos abstrusos o incluso intentando presentar al Coronel cuando aquel ni siquiera estaba en el recinto. Al mes siguiente, el resentimiento que se había acumulado entre ellos en los últimos años llegó a un punto crítico. Un incidente menor en el hotel, propiciado por el despido de un *maître* con el que Elvis había entablado amistad, lo puso fuera de sí. Cabreado como una mona, fue a ver a Parker, gritando que el hotel no tenía derecho a hacer algo así. Pero Parker, que no era muy fan del *maître* en cuestión, le replicó que aquello era política del hotel y que no debían entrometerse. Esa noche, desde el escenario, Elvis se dirigió al público diciendo varias cosas sobre Barron Hilton. Ninguna bonita. Ahora, claro, el cabreado como una mona era Parker. Rojo de ira, irrumpió en el camerino gritándole que cómo se atrevía. Una bronca monumental que continuó arriba, en la suite de Elvis. Hasta que éste se atrevió a algo que llevaba años amenazando —en privado— con hacer: despedir al Coronel. A partir de ese momento, lo que era un triste sainete pasó a convertirse en una farsa grotesca. Algo así como (licencia dramática):

Coronel Parker: "¡No puedes despedirme, porque renuncio!"

Elvis Presley: "Me parece muy bien, me alegro"

Coronel Parker: "¡Por la mañana convocaré una rueda de prensa y diré que me largo!"

Elvis Presley: "¡Pues yo la voy a convocar ahora mismo, te jodes!"

Coronel Parker: "¡Pues yo me voy a mi habitación a redactar la factura de todo lo que me debes!"

Elvis Presley: "¡Que te den!".

La factura en cuestión la tuvieron los Presley en tiempo récord y cuentan que cuando Vernon la vio, no pudo hacer otra cosa que pedir las sales y un abanico. El puto viejo les reclamaba una cantidad que, según las distintas versiones, iba entre dos y diez millones. Durante semana y media, Elvis y Parker intercambiaron insultos y acusaciones a través de intermediarios, hasta que Vernon, tras hacer muchos números, informó a su hijo de que no podían permitirse comprar el contrato. De hecho, se dio cuenta de que tenían las cuentas bastante estropeadas. Ante lo cual, según Joe Esposito, Elvis declaró solemnemente: "supongo que tendré que ir a reconciliarme con ese viejo cabrón".

CAPÍTULO 4

En caída libre

La "reconciliación" tuvo lugar en Palm Springs donde, en otro cínico ejercicio de misericordia, Parker le ofreció a Elvis reducir su porcentaje hasta que pudiera recuperarse económicamente. Este —no le quedaba otra— rompió su lista de quejas, a su vez, perdiendo para siempre la oportunidad de emanciparse y convertirse en un esclavo liberado. A finales de septiembre, empero, la nueva gira mostró que seguía sin estar en condiciones. Los críticos se mostraban consternados, y tanto Parker como los médicos estuvieron de acuerdo en que la estrella necesitaba tomarse cinco meses de descanso, lo mínimo. Viendo el percal, el Coronel escribió al Hilton para decirles que Elvis no podría cumplir con su compromiso en enero. Y fue precisamente en enero cuando lo volvieron a ingresar en el Baptist Memorial Hospital por dificultades respiratorias. Ligeramente recuperado, al mes siguiente regresó a Las Vegas donde se reunió con Barbra Streisand y Jon Peters, ambos intentando convencerle de que aceptara un papel en una nueva versión de *A Star is Born*. Elvis no solo aceptó, sino que, por primera vez en mucho tiempo, se mostró ilusionado ante un proyecto. Proyecto que, como no podía ser de otro modo, no llegó a buen puerto. Parker no aceptó las condiciones que ofrecía First Artists, la productora de Streisand, y su contraoferta al alza fue rechazada. En este asunto las versiones también difieren. No pocos acusaron a Parker de priorizar una vez más la pasta sobre el bienestar de su cliente, mientras que otros creen que —pese a su interés— Elvis sabía que no sería capaz, en su estado, de interpretar aquel papel con garantías y le pasó el muerto de rechazarlo al Coronel. El propio Parker corroboró tiempo después esta versión.

Fuera por decisión propia (a su pesar) o por culpa del Coronel, la decepción estaba ahí. Y para tratar de paliarla, Elvis intentó animarse con nuevas ofertas para actuar en Inglaterra y, ojo al dato, en Arabia Saudita. Las fechas en el país del oro negro, capricho de los hermanos Khashoggi, comportaban una oferta de cinco millones de dólares para que Elvis tocara nada menos que en las pirámides de Giza. Cuando el Coronel declinó la oferta, los traficantes la doblaron, pero ni por esas. ¿Se hundió Elvis al enterarse? Mucha gracia no le hizo, comentan, pero en un esfuerzo por mantenerse positivo dentro de la miseria física y anímica en la que se encontraba, siguió esperanzado en que antes o después alguna de esas proposiciones no caería en saco roto. Se equivocaba por completo, por supuesto. Circulaban por entonces rumores de que Elvis le había pedido a Tom Hulett que lo representara si él y Parker volvían a tirarse los platos a la cabeza. De nuevo temeroso de perder el control, y a pesar de que tanto él como Elvis necesitaban efectivo con relativa urgencia, fue rechazando una tras otra cada oferta para tocar en el extranjero: un millón de dólares por noche para Alemania y Japón, dos millones y medio por un *show* en Sudamérica. Que si quieres arroz, Catalina. ¿Pudieron aquellos *shows* abortados, eventualmente, haber cambiado el destino vital del muchacho de Tupelo? ¿Salir por fin al mundo, conocer otras realidades y otra gente, podría haberle sacado de la espiral autodestructiva que acabaría por mandarle al hoyo? Solo podemos conjeturar al respecto, obviamente. Pero lo que sí sabemos a ciencia cierta es que no hacerlo, no le ayudó para nada.

Aun así y en uno de sus últimos esfuerzos al respecto, el cantante trató de acercar posiciones y, como quien le compra a un colega una botella de buen vino para hacer las paces tras una bronca, le compró al Coronel algo parecido: un avión; más concretamente un turbohélice G-1 que costaba un millón doscientos mil dólares. Acuérdense de esto la próxima vez que quieran recuperar una amistad, y no sean ratillas. Pero ni así se pudo solucionar aquello, porque Parker lo rechazó, argumentando que no podía pagar los impuestos, lo cual ofendió a Elvis hasta el punto de retomar la idea (no eran rumores, sorpresa) de despedirle en favor de Hulett. Al final, no obstante, todo quedaría en agua de borrajas.

Resignado finalmente a permanecer en el agujero de Las Vegas y como mucho viajar ocasionalmente por el país, Elvis —cual moderno Bartleby— bajó los brazos y optó simplemente por dejarse llevar, evadiéndose artificialmente de una realidad tornada un infierno. Tras una serie de incidentes con las drogas y las armas, incluyendo una bala rebotada que casi (lástima) se carga al Dr. Nick, cuando regresó a Las Vegas en agosto iba tan puesto que durante una actuación estuvo todo el tiempo sentado, hasta caer desfallecido sobre el escenario. Otra hospitalización, y van… Una vez con el alta y tras cierto *impasse*, el Coronel volvió a la carga. Para la víspera de Año Nuevo de 1975, dejó que Jerry Weintraub llevara a Elvis al Silverdome de Pontiac, Michigan, en lo que terminaría siendo el concierto más concurrido del Rey en toda su carrera, con más de 62.000 fans y 800.000 dólares en ingresos brutos; la mayor suma jamás generada por un solo artista en una actuación de una sola noche. El siguiente paso era devolver a Elvis al estudio —del que llevaba ausente casi un año— para que cumpliera con las obligaciones contraídas en materia de grabación. Bueno, en realidad, como la montaña a Mahoma, llevaron el estudio a Elvis. El 2 de febrero de 1976, los ingenieros de RCA Nashville desembarcaron en Graceland con su estudio móvil y procedieron a meter el equipo en la mansión, mientras los técnicos se dedicaban al bricolaje para atenuar la acústica. Elvis se aferraba a la antigua forma de grabar, donde tocaban todos a la vez, así que aislar el sonido de cada músico era fundamental. La idea de RCA era largarse de allí seis días después, con veinte nuevos masters. La idea de Elvis era desbarrar, trasegar pastillas y, de vez en cuando, desaparecer, como la famosa noche en que le apeteció comerse su sándwich favorito (un atentado arterial hecho a base de mantequilla de cacahuete, panceta, rodajas de plátano y miel) y se fue a buscarlo a Denver, como el que baja al kebab de al lado de casa. Retrasos, parones y el presupuesto inicial, que se disparaba. Al final Elvis grabaría suficientes temas para el álbum *Moody Blue*, aunque necesitaría una grabación adicional en octubre para conseguir canciones suficientes con las que completar el elepé. Sesiones que, como las de febrero, fueron un grano en el culo para todo el mundo. Y cuando volvió de gira en primavera, las cosas siguieron muy pero que muy torcidas: daba un buen concierto por nueve entre mediocres y malos. La banda nunca sabía por dónde iba a salir. Pero visto en retrospectiva, lo que era milagroso es que diera al menos uno bueno, porque a esas alturas su dieta diaria de drogas deja a Johnny Thunders como un chaval de lo más sanote. Un régimen de medicamentos en seis partes —prescrito por el Dr. Nichopoulos— tan bestia, tan demencial, que aún leído a día de hoy pone los pelos de punta.

— A las 15.00, cuando normalmente se levantaba, el despertador consistía en tres supresores del apetito, medicamentos para el mareo, un laxante, vitaminas y hierbas, y testosterona.

— La segunda toma, una hora antes de subir al escenario, constaba de un descongestionante con codeína, una anfetamina, una pastilla para el vértigo y Dilaudid.

— La tercera, justo antes de la actuación, incluía más Dilaudid, Dexedrina y cafeína.

— La cuarta, diseñada para calmarlo tras el subidón del *show*, se componía de una pastilla para bajar la presión arterial, un poco de Demerol diluido, un sedante y un antihistamínico.

— Y la quinta, al meterse en el sobre (normalmente a las tantas): un Placidyl, un Quaalude, tres sedantes adicionales, una anfetamina, una pastilla para la presión arterial y un laxante.

Si finalmente el pobre no podía pegar ojo, que no era raro, se pasaba a la sexta administración con Amytal, una pastilla hipnótica y más Quaaludes. Desde luego, no hace falta ser un experto en farmacia para darse cuenta de que ese hombre iba directo al abismo. Quienes le rodeaban y apreciaban, que no eran tantos, trataron —tibiamente— de frenar aquella deriva. O'Grady, tras verlo en Tahoe en abril, tuvo la certeza de que o se hacía algo o Elvis iba a morir. Era tan evidente a simple vista como constatable por los resultados de las pruebas que le hacían: coágulos sanguíneos, hipoglucemia, agrandamiento del corazón. Su hígado triplicaba su tamaño normal y su colon parecía una serpentina. En tres años, la dieta de fármacos y comida basura le había hecho pasar de los ochenta a los ciento diez kilos.

En julio, el Dr. Ghanem lo trasladó a su casa para una especie de desintoxicación rápida a base de alimentos líquidos y sedantes. Un tratamiento que consistía básicamente en no comer sólido y dormir a pierna suelta que, evidentemente, no sirvió de nada. Elvis regresó a Memphis de un humor de perros y con la moral por los suelos. Si la gente de su alrededor (Esposito, Schilling, West, la propia Memphis Mafia) no habían sido de gran ayuda con anterioridad, el nuevo séquito, más joven e inexperto, eran directamente un cero a la izquierda. Y en medio de todo ese caos y descontrol, nuestro Coronel. Quejándose por lo bajini de que Elvis ya no le tenía en cuenta, de que le había excluido de su vida, pero a su vez perdido en los tapetes de los casinos, derrochando millonadas y haciendo ver que no sabía el alcance real de la decadencia de su chico. Elvis estaba muriendo a los ojos de todo el mundo, rodeado de gente a diario. Una tragedia ridícula, un abominable desperdicio de talento. La lenta muerte de un artista irrepetible a manos de la fama, el éxito y la indiferencia. Elton John, que lo visitó entre bastidores en Maryland en junio, lo vio más que claro: tenía docenas de personas a su alrededor, supuestamente cuidándolo, pero "ya parecía un cadáver".

CAPÍTULO 5

Aquella noche de agosto

Por más extraño que parezca, a pesar de su deplorable condición física y de lo errático de su comportamiento en escena, el público en general no tenía conocimiento del alcance real de su adicción, muchos de ellos pensando —o prefiriendo pensar— que Elvis, simplemente, estaba enfermo. Pero eso iba a cambiar pronto. En septiembre empezó a circular el rumor de que Red y Sonny West, junto a Dave Hebler, los tanto tiempo fieles guardaespaldas, estaban escribiendo un libro sobre su vida junto al Rey, con la intención —al parecer— de revelar su terrible deterioro como una especie de llamada de atención. Cuando Elvis se enteró se sintió traicionado y profundamente preocupado por cómo aquello afectaría a su familia, a su padre y su hija, sobre todo. En consecuencia, le pidió a Parker que hiciera todo lo necesario para detener el proyecto. Al parecer, a través de O'Grady, se les ofreció 50.000 dólares para cancelarlo, pero se negaron en redondo. Y ahí quedó todo, no se hizo nada más al respecto. Como en tantas otras ocasiones, hay quien dice que Parker realmente sí se movió para detener aquello, pero también quién está convencido de que no se esforzó demasiado porque, en realidad, quería que se publicara. El único que estuvo en babia, también como tantas otras veces, fue el pobre Elvis, convencido de que el asunto se había solucionado.

Por otro lado, en los últimos meses de 1976, Linda Thompson, harta de verse ninguneada tanto como de ver a Elvis autodestruirse (¿les suena?), había desaparecido de su vida. En noviembre se echó otra novia, Ginger Alden, una chica de veinte años de Memphis que, decían, le recordaba a Priscilla de joven. Pero, aunque Ginger se negó a construir su vida en torno a la de él, en enero de 1977 Elvis le regaló un anillo de compromiso con un diamante de 11,5 quilates. Poco más tarde, en marzo, se llevó a la familia de vacaciones a Hawái, incorporando a la partida a varios de sus hombres de confianza, Larry Geller (que había vuelto a ser aceptado en su órbita) entre ellos. Una vez allí, el indómito peluquero y sanador pilló a Elvis por banda y le aconsejó sobre su salud, sugiriéndole alimentos y vitaminas para fortalecer su sistema inmunológico. El cantante le prometió tomarse un descanso de entre seis a doce meses, relajarse y recuperarse. Y algún que otro cambio más. Ese cambio, lo adivinaron, implicaba directamente al Coronel: esta vez se iba a la calle, lo tenía decidido. Tras la gira de aquel agosto, sería el momento. Parker fuera, Tom Hulett dentro. Varios días después, tuvo que acortar sus vacaciones tras sufrir una infección ocular y, cuando volvió a la carretera a finales de mes, no parecía estar bien. El 31 de marzo se despertó en Baton Rouge sintiéndose fatal y le dijo a su gente que habría que cancelar el concierto de aquella noche.

Geller, que ya había podido echar un ojo a las galeradas del libro de West y Hebler, sabía que los tabloides verían la cancelación como una confirmación de lo que allí se contaba. Varios y no precisamente agradables detalles ya estaban comenzando a aparecer en la prensa británica, como un horrible goteo. Habiéndole hasta entonces ocultado el tema a Elvis, Geller creyó llegada la hora de confesar. Hirviendo de ira, éste solo tuvo tiempo de bramar "¡Traedme al Coronel!" antes de que el Dr. Nick lo mandara a soñar con los angelitos por vía intravenosa. Al despertar, insistió en volar de vuelta a Memphis e ingresar en el hospital. El Coronel añadiría las fechas canceladas a una gira posterior. Tres semanas después, mientras estaba de nuevo en la carretera para su tercera gira del año (y de nuevo con críticas más que negativas), apareció una noticia en el *Nashville Banner* que supuso una pequeña bomba en el mundillo: el Coronel había puesto a la venta el contrato de representación de Elvis, y un grupo de empresarios de la Costa Oeste había expresado interés. Parker lo desmintió en cuestión de horas, negando que la relación entre ellos estuviera rota ni nada por el estilo, aunque, sin saberse nunca de dónde surgió aquella historia, lo cierto es que sí que llevaba un tiempo llamando a unas puertas un tanto inusuales. Por esa misma época, se puso en contacto con Peter Grant, el mánager de

Led Zeppelin, cuyas fechas en Estados Unidos se gestionaban a través de Concerts West, la promotora de Hulett. Y hablaron de algo hasta entonces impensable: la posibilidad de que Grant promocionara una gira europea para Elvis, ya que él —como siempre, ejem— tenía demasiada faena en casa como para acompañarlo. Se emplazó a hablar de ello después de los últimos *shows* estivales de Elvis. Pero éste, simplemente, ya no estaba en condiciones de actuar.

El Coronel lo había comprobado por sí mismo el 21 de mayo, en Louisville; aquel día y contra su costumbre, se presentó de improviso en la suite de Elvis. Allí vio al Dr. Nick tratando de reanimar a un ser devastado y gimiente, sumergiéndole la cabeza en un balde de agua helada. Geller, que no le había podido impedir el paso, pensó por un momento que Parker reaccionaría, que vería que aquel hombre en la cama era incapaz de funcionar ya por sí solo. Tanto tiempo había pasado, y todavía no conocía al Coronel. Éste, tras sopesar la situación unos instantes, le gritó que lo único que importaba es que Elvis subiera al escenario aquella noche. El portazo que dio al salir despertó hasta al tío de recepción. Elvis, por su parte, es posible que presintiera su fin como algo no muy lejano, y mantuvo en esos días una extraña lucidez; al menos, para alguien que iba hasta arriba de todo. Como cuando antes de la grabación de un especial para la CBS–TV en Rapid City, le mostró a Kathy Westmoreland un mono azul que pensaba usar esa noche, y le dijo: "se me verá gordo con este trajecito afeminado, pero me quedará bien en el ataúd". Westmoreland no supo qué responder, tan consciente como el propio Elvis de que era algo inevitable.

La noche del 26 de junio de 1977, el día que el Coronel cumplía sesenta y ocho años, Elvis subió al escenario del Market Square Arena en Indianápolis, para el último concierto antes de las vacaciones de verano. Sin saber cómo, aquella noche el Rey del rock'n'roll reunió fuerzas de dónde no las había y durante aproximadamente ochenta minutos, ofreció un espectáculo fascinante, su mejor actuación en muchos meses. Nadie entre el público pensó que aquel iba a ser el último concierto de Elvis Presley. Un concierto que marcaría el final de una era en la historia de la música. Tras aquel *show* y mientras Elvis se preparaba para su siguiente gira en agosto, las deudas de juego del Coronel en el Hilton alcanzaban la cifra de treinta millones de dólares. Pero pronto ocurriría algo que haría que esos problemillas pasaran a un segundo plano.

La noche del 15 de agosto de 1977, Elvis salió a dar una vuelta en moto con Ginger y más tarde condujo hasta el consultorio de su dentista, el Dr. Lester Hofman, para arreglarse un empaste. La noche siguiente tenía que viajar a Portland para iniciar una gira de doce días, y no quería que aquella muela le diera la murga. De regreso a Graceland, alrededor de la medianoche, Elvis y Ginger subieron a sus habitaciones. Sobre las dos de la mañana habló con Larry Geller, que recordaba haberlo notado animado y de buen humor, incluso haciendo planes de futuro. A las cuatro, propuso un partido de ráquetbol a su primo Bill Smith y su mujer Jo. Tras jugar unos minutos, Elvis calculó mal un servicio y se dio en la espinilla con la raqueta. Cojeando hasta el salón, se sirvió un vaso de agua helada, se acercó al piano y comenzó a cantar, terminando con «Blue Eyes Crying in the Rain». Después, en el piso de arriba, mientras Bill le lavaba y secaba el cabello, volvió a despotricar de *Elvis: What Happened?* el libro de marras, publicado dos semanas antes. Calentándose más y más, acabó gritando que haría llevar a Red, Sonny y Hebler a Graceland, los mataría él mismo y se desharía de sus cuerpos. Luego se calmó y le explicó lo que tenía pensado decir a los fans desde el escenario en caso de que le pidieran explicaciones sobre las drogas y demás. Y poco después se derrumbó y prorrumpió en sollozos. Una montaña rusa de emociones que culminó cuando finalmente Bill se iba a ir y Elvis le dijo que aquella próxima, iba a ser su mejor gira.

A las siete y pico de la mañana tomó una tanda de pastillas y luego, en algún momento sobre las ocho, demasiado nervioso para conciliar el sueño, le dijo a Ginger que se iba al baño a leer un rato. Allí, cogió *A Scientific Search for the Face of Jesus*, un libro sobre el Santo Sudario de Turín, y esperó a que los fármacos hicieran efecto. A las dos y veinte de la tarde, Ginger se dio la vuelta en la cama y no vio a Elvis. Si seguía en el baño, hacía mucho ya. Tras no recibir respuesta al llamar a la puerta, entró y lo encontró desplomado en el suelo, ligeramente inclinado hacia la izquierda. Estaba de rodillas, con las manos debajo de la cara y los pantalones por los tobillos. Estaba claro que se había caído del inodoro y parecía muy quieto. Demasiado quieto. Ginger le levantó un párpado y vio la mirada turbia de un ojo ya sin vida. Elvis Presley había muerto a la edad de cuarenta y dos años. Mientras tanto y casi al mismo tiempo, en Portland, el Coronel —acompañado de Tom Hulett, Lamar Fike, George Parkhill y Tom Diskin—, andaba supervisando todos los detalles para el compromiso de Elvis en la ciudad, al cabo de dos días. Después, comió algo rápido y se fue a la cama.

CAPÍTULO 6

¡El Rey ha muerto, larga vida al Rey!

Joe Esposito fue el encargado de dar la noticia al Coronel. Su voz, como cabía esperar, no dejó escapar ninguna emoción, y se limitó a dar unas vagas instrucciones: "Está bien, Joe. Estaremos allí tan pronto como podamos. Tú haz lo que tengas que hacer. Dile a Vernon que estaremos allí. Tenemos mucho trabajo". Esposito sintió que, bajo aquella serenidad, Parker estaba impactado. Pero también estaba seguro de que no iba a dejar traslucir aquella conmoción ni en aquel momento ni más tarde. Por la noche, el equipo desplazado a Portland bajaría a cenar al comedor del hotel, tal y como estaba planeado, aunque nadie se sentía con apetito. Parker impartió unas órdenes muy concretas y muy claras: no quería ninguna escena. Iban a mostrar respeto y a poner la mejor cara que pudieran. Él, por su parte, iba a ocuparse de que las cosas —más allá del funeral y las lágrimas— se hicieran como tenían que hacerse. Elvis estaba fiambre, pero su nombre podía seguir generando pasta desde ese mismo instante. Tras cancelar la gira, y mientras cientos y cientos de fans —una vez se hizo público el deceso— peregrinaban a Memphis, el Coronel voló a Nueva York para reunirse con RCA, pues sabía que todas las tiendas del país agotarían los productos de Presley en apenas veinticuatro horas. Ahora, le dijo a la gente de la compañía, era el momento de que se relanzaran copias de sus discos como churros. Casi de inmediato, hizo otro tanto en lo referente a las docenas de productos de imagen licenciados.

El negociador sin corazón, el viejo feriante que solo pensaba en la taquilla, el monstruo… si en vida de Elvis no pocos tenían al Coronel por esto y cosas mucho peores, su frialdad y su espíritu práctico con el cadáver todavía caliente, fue visto como poco menos que inhumanidad. Todos aquellos ineptos que fueron incapaces de ayudar a un adicto, todos ellos ahora, cual coro de plañideras, berreaban ante la desgracia y buscaban al culpable. Y aquel gordo que ni siquiera tenía los ojos humedecidos, aquel gordo que andaba cerrando tratos y renegociando la situación, era la víctima perfecta. Todos queríamos a Elvis, todos hicimos lo imposible por ayudarle, por desengancharle, por apoyarle, por animarle, por quererle. Todos menos el puto gordo ese. Claro, claro. Nada como un chivo expiatorio para absorber toneladas de mala conciencia, amiguetes. Al Coronel, en cualquier caso, los lloriqueos y los entierros gitanos le daban absolutamente lo mismo. En su particular modo de ver las cosas, Elvis no estaba muerto. Su cuerpo, aquel cuerpo castigado y deformado, puede. Pero Elvis no. Aquello era como cuando estuvo en el ejército. No estaba presente, pero podía seguir trabajando y rentando a distancia. A mucha distancia. Desde el más allá, de hecho.

Así pues, acorralando a Vernon en el vestíbulo de Graceland, lo acojonó explicándole que ahora cientos de piratas y estafadores saldrían de la nada para sacar provecho de la memoria de su hijo, y que él, albacea de su herencia, no estaba en condiciones físicas ni emocionales para enfrentarse a ellos. De la memoria de Elvis Presley (y de los, ejem, asuntos anexos a la misma) se seguiría encargando él, no te preocupes papaíto. El 23 de agosto, Vernon firmaría la carta oficial al respecto, en estos términos: "Estoy profundamente agradecido de que te hayas ofrecido a seguir con el mismo modo, ayudándome en todo lo posible con los muchos problemas que enfrentamos. Por la presente te agradecería que continuaras según los mismos términos y condiciones establecidos en el acuerdo contractual que tenías con Elvis con fecha del 22 de enero de 1976, y por la presente te autorizo a hablar y firmar por mí en todos los asuntos relacionados con este acuerdo". No faltan, incluso hasta el día de hoy, los mal pensados que sospechan que estas líneas fueron redactadas por el propio Parker, y Vernon se limitó a estampar su firma. Siempre hay gente desconfiada, qué le vamos a hacer.

Volviendo al día del funeral, el 18 de agosto, el Coronel pululaba por Graceland ataviado con su desenfado habitual: camisa hawaiana y gorra de béisbol, ante la mirada entre atónita y desaprobadora del resto de asistentes. De nuevo, su particular filosofía le decía que, si siempre había vestido así, engalanarse ahora estaba fuera de lugar. Pero lo que más chocó a todo el mundo fue que se negara a ser portador del féretro y que cada vez que pasaba por delante del ataúd, desviara la mirada. En aquellas horas se mantuvo siempre en un segundo plano, y nadie lo vio acercarse ni buscar un momento a solas junto al cadáver. En realidad, recuerdan algunos, parecía incluso que luchaba por no mirar. ¿Superstición? ¿Remordimientos? ¿Vergüenza? Posiblemente un poco de todo ello, mezclado con un esfuerzo continuo por reprimir sus sentimientos. Tal como reconoció Kathy Westmoreland tiempo después, "se podía ver que había dolor en sus ojos, y que no quería demostrarlo".

EPÍLOGO

El 26 de junio de 1979, el mismo día que el Coronel Tom Parker cumplía setenta años, Vernon partió a reunirse con su hijo. En un principio, el padre de Elvis se había resistido a nombrar a Priscilla como nueva albacea de la herencia, pero finalmente ella lo había convencido, usando como arma y argumento el interés de Lisa Marie, la única beneficiaria de Elvis. En cuanto Parker tuvo noticia de la muerte de Vernon, se materializó junto a Priscilla como la serpiente en el Paraíso, para sisearle al oído y asegurarse de que su representación en la herencia seguía intacta. Tres días después del deceso, Priscilla y los albaceas nombrados por ella escribieron al Coronel, conminándole a continuar según el acuerdo original con Vernon. Todos los ingresos del patrimonio le serían enviados a él, quien luego deduciría su veinticinco por ciento al cincuenta por ciento y enviaría el resto.

Pero un año después, en mayo de 1980, cuando Priscilla presentó una petición para aprobar el acuerdo de compensación de Parker y ratificar todos los pagos de comisión, la cosa no fue tan rápida y fácil como pensaban. El juez Joseph Evans, en el tribunal de sucesiones del condado de Shelby, Tennessee, se quedó ojiplático cuando descubrió no solo que al Coronel se le había garantizado la mitad de los ingresos de Elvis mientras estaba vivo, sino además que la herencia aprobara tal acuerdo ahora que Parker no tenía nadie a quien representar. Más que mosqueado con lo que parecía un contrato fraudulento, designó a un abogado de Memphis, Blanchard E. Tual, para que investigara el acuerdo y para que representara y defendiera los intereses de Lisa Marie Presley. Tual se pasó cuatro meses currando de lo lindo, hasta que en septiembre presentó un completísimo informe cuya conclusión primordial era que todos los acuerdos del Coronel Parker con

Elvis Presley, terminaron con la muerte de este último. En consecuencia, recomendaba que el tribunal no aprobara la comisión del cincuenta por ciento que Parker recibió por administración y pedía al tribunal que ordenara que todo el dinero adeudado al patrimonio se pagase directamente a los ejecutores y no a él, y que se prohibiera a los primeros pagar al Coronel una sola comisión más hasta que concluyera su investigación.

Pero el informe iba mucho más allá, acusando a Parker de extralimitarse y de haber violado su deber tanto para con Elvis como para con el patrimonio, aparte de encontrar no pocas irregularidades en la gestión de los ingresos por *royalties* en los acuerdos editoriales. Tual terminaba exigiendo que el Coronel proporcionara una declaración de su patrimonio neto actual, así como sus declaraciones de impuestos anteriores, ordenó que los ejecutores consiguieran una auditoría completa de RCA y solicitó informes de todas las empresas con las que Parker hizo negocios. En definitiva, Tual había tirado de la manta, pero también de la alfombra, la moqueta y cualquier otra cosa que pudiera esconder mierda debajo. En el juicio que siguió, además, se concluyó que los Presley debían casi veinte millones de dólares al fisco norteamericano, lo que provocó que la demanda contra Parker se ampliara, añadiendo la mala gestión al resto de reclamaciones. Llegado este punto y para no aburrirles con jerga jurídica y tediosas historias de litigios, digamos que todo el asunto quedó finalmente cerrado con un pacto fuera del juzgado. Un pacto del que Parker salió bastante mejor parado de lo que podría haberse pensado. El acuerdo final, firmado por todas las partes en 1983, incluía que no se harían reclamaciones anteriores contra él y que no habría declaraciones públicas de la familia en su contra. A cambio, el famoso contrato del cincuenta por ciento quedaría anulado, él dejaría de tener ningún tipo de ingresos derivados de la imagen o música de Elvis, y recibiría una compensación de dos millones de dólares. Cabe decir que mientras la familia de Elvis se mantuvo fiel a esos términos, el Coronel Parker —como no cabía esperar en contrario— siguió asistiendo a festivales y saraos relacionados con Elvis, siempre que le invitaron, hasta su muerte por un derrame cerebral en el año 1997. Pretender que un viejo feriante se mantuviera apartado al cien por cien de la farándula, ni que fuera ya como figura secundaria, era mucho pretender.

En cualquier caso y visto en retrospectiva ¿era ese cincuenta por ciento tan escandaloso como siempre se ha dicho y considerado? En frío, así puede parecerlo y más comparado con los acuerdos de representación habituales hasta entonces. Pero el tándem Elvis–Parker de habitual no tenía nada. Y aceptando su carisma, su voz, su talento y todo lo demás, innegable, ¿hubiera sido capaz Elvis, por sí solo o con algún otro mánager más ortodoxo, de alcanzar las ganancias —y la fama— que consiguió gracias al Coronel? La historia de uno y otro, como hemos visto, es una historia única en el mundo del espectáculo. Fueron dos personajes más grandes que la vida, con sus luces y sus sombras, y sin querer disculpar ni justificar nada, debería contemplarse cualquier aspecto de su trayectoria siempre en base a ese carácter único, insólito, de su relación. La relación de un héroe y un villano si se les contempla de lejos, pero que revela, cada uno y según enfocamos la lente, múltiples heroicidades y villanías. Mayores y menores, en mayor o menor grado uno que otro, pero nunca encontrando personajes de una pieza. Ni un héroe intachable ni un villano demoníaco.

Dos personajes poliédricos, contradictorios, fascinantes. Elvis fue un artista irrepetible, un genio al que no vamos a descubrir a estas alturas, pero el negocio, las relaciones, los contactos, los acuerdos, le fueron mayormente ajenos. Y lo fueron tanto por el férreo y hermético control de Parker, como por su propia incapacidad al respecto. Aquel chico de Tupelo tenía un don, pero de negocios sabía entre poco y nada. Así pues, calcular —valorar, evaluar— lo ético de aquel cincuenta por ciento, se antoja un ejercicio más complicado de lo que pudiera parecer a primera vista. Porque el Coronel, lo repetimos una vez más ahora que vamos terminando nuestro relato, no solo pasó muchas más horas que Elvis dedicado al negocio. Pasó prácticamente todo su tiempo, si no contamos sus desfases en el casino. Y sí, puede que con las empresas vinculadas a Elvis (RCA, MGM, Paramount, Hilton, Management III, etc) tuviera acuerdos paralelos, pero nadie podrá negar jamás que, al negarse a representar a ningún otro gran artista, le dedicó todo su tiempo al Rey. Con sus artimañas y sus malas artes, por propio interés en buena parte, y lo que se quiera. Pero se le dedicó en cuerpo y alma.

Y su forma de verlo y de comportarse al respecto quedó muy bien retratada durante una entrevista en el año 1968. En el transcurso de la misma, el periodista británico Chris Hutchins le preguntó sobre un rumor que ya entonces circulaba por la industria: "¿es cierto que usted se lleva el cincuenta por ciento de todo lo que gana Elvis? Parker calló durante unos segundos, y respondió con singular aplomo: "No, eso no es cierto en absoluto. Él se lleva el cincuenta por ciento de todo lo que yo gano". Una afirmación todo lo discutible que se quiera, pero muy reveladora. Y un muy buen resumen de lo que, en todas las páginas anteriores a esta, hemos querido contarles.

EL CORONEL YA TIENE QUIEN LE ESCRIBA

O eso debió pensar Eloy Pérez Ladaga, autor de este libro que se encuentra en sus manos y que, si han llegado a este punto, han tenido a bien derrochar parte de su vida leyéndolo.

De todos era ya sabido que el Coronel, además de no ser coronel, era un trepa de mucho cuidado. El clásico vendedor de esclavos adaptado a los tiempos que le tocaron vivir, un mundo ligeramente más moderno, siendo nuestro amigo el señor Parker un punto intermedio perfecto entre los negreros (bonita palabra) del siglo XIX y los feroces publicistas de segunda mitad del XX. Tom fue el primer *Mad Men*. Dispuesto a vender a su madre, encontró a su Kunta Kinte ideal en ese joven de Tupelo que, al fin y al cabo, solo quería cantar.

Existen interesantes aportes en este libro, como los (a priori innecesarios) devaneos históricos iniciales, y sus consecuentes capítulos, a caballo entre *El Callejón de las Almas Perdidas* y *Las Aventuras del Joven Indiana Jones*. Queda claro con eso que nuestro amigo Andreas Cornelis (Cornelis!! Coronel!!) no hizo más que convertir una aún floreciente industria musical en un enorme y desenfrenado *Oktoberfest*. Bien por él. Sus primeros pasos como representante con el, ya en horas bajas, Elvis de los años 20, Gene Austin; su aversión a aparecer en documentos oficiales, convirtiéndose a sí mismo en su primer producto comercial; sus primeras estrategias de marketing (¡entradas a la venta en supermercados!); sus tejemanejes con las estrellas del country Eddy Arnold o Hank Snow; y, por fin, llegó Elvis. De Memphis a Nueva York, Hollywood, Hawái, Las Vegas...

En fin, Parker es el ideal villano de película. Sin embargo, siempre que a un servidor le preguntan (y éste es el caso, creo) uno no puede más que apiadarse de su alma. Se aprovechó de ese talentoso joven, sí. Lo explotó y exprimió como a limón en verano, así es. Le hizo firmar acuerdos que le convenían más a él que a Elvis, encerrándolo en una cárcel de oro y cristal mucho más de lo que El Rey hubiera deseado; sin duda. Pero Elvis era un chico sencillo, nunca conoció ni quiso conocer de negocios, estrategias y parafernalias comerciales. Para eso estaba Parker. Y eso lo hizo muy bien. Tan bien que sólo en dos años de carrera Elvis ya copaba las listas de ventas, ya era conocido alrededor del mundo; en definitiva, ya era El Rey. Existe el habitual discurso de que Elvis practicó la apropiación cultural, robándole a los negros una cultura que no le pertenecía. A mi modo de ver, hizo todo lo contrario: hizo suya esa cultura, la entrelazó con la tradición *white folk* americana (que no deja de ser europea) y la ofreció al mundo, convirtiéndola, aún hoy en día, en la fórmula mágica de la felicidad musical.

En una sociedad por entonces aún muy segregada, Elvis consiguió (no solo él, pero él primero, no lo olvidemos) que pijos sin sangre como Pat Boone cantaran canciones de negros; consiguió convertir la música "racial" en un producto *mainstream*. Para bien y para mal. Y consiguió que una generación entera de adolescentes (y, tras ella, sus hijos y nietos) se dieran cuenta del sinsentido de la segregación, y abrazaran por primera vez, con naturalidad, el mestizaje cultural. Eddie Cochran escuchaba a Chuck Berry, y viceversa. Buddy Holly adoraba a Little Richard, y los Quarry Men, adoraban a Holly. Los Stones empezaron con Muddy Waters. Y AC/DC no serían nada sin Chuck. Y, todo esto, empezó con el chaval de Tupelo. Él abrió las puertas. Y, a su lado, abriéndole las puertas a él, haciendo que todo ese fenómeno creciera hasta límites insospechados, estaba nuestro amigo, el Coronel.

Tom Parker no sólo inventó la publicidad, el marketing y el *merchandising*. Amigos, nos guste o no, Tom Parker inventó el rock'n'roll. Así pues, démosle finalmente al *Caesar* lo que es del *Caesar*. Adoremos al Coronel. Thank you, and Good Night.

AGUSTÍ BURRIEL